中國近代歷史城市指南

City Guidebooks of Modern China

Hangzhou Section II

杭州篇（二）

導論

何其亮｜美國伊利諾州立大學

　　杭州，柳永筆下的「東南形勝，三吳都會」，馬可波羅眼中的「天城」，也是毛澤東御用攝像師笑談中的中華人民共和國的「兩個首都」之一。[1] 自宋高宗建炎三年（1129 年）升格為臨安府，並稱「行在」以來，杭州就在中國歷史上佔有獨特的文化與政治地位。千年以降，其人文與自然景觀的完美融合，激發文人騷客的靈感從不同角度吟詠這座城市及其周邊地區的一草一木，一山一水。在這種山水與文化的互動之下，杭州及西湖早已不僅僅是一個風景旅遊勝地，而成為李慧漱所謂的"site of memory"（「記憶遺址」）。李慧漱認為：在宋元更替之後，杭州為「遺民們緬懷南宋王朝榮光、托寓自我」提供了場所。[2] 在此，對於李慧漱的評價有兩個補充。首先，這種故國之思、黍離之悲事實上並非杭州特有。在杭州（臨安）之前，就有如《洛陽伽藍記》、《洛陽名園記》、《汴京遺跡志》、《東京夢華錄》等追思舊都洛陽與汴梁的名篇。其次，許多關於

1　葉建新主編，《毛澤東與西湖》（杭州：杭州出版社，2005），133。

2　李慧漱，〈〈西湖清趣圖〉與臨安勝景圖像的再現〉，見李凇主編，《「宋代的視覺景象與歷史情境」會議實錄》（桂林：廣西師範大學出版社，2017），184-185。

杭州山川歷史風俗的作品產生於南宋覆滅之前，其作者
顯然不是南宋遺民，也無須緬懷前朝。這樣的作品有周
淙《臨安志》、吳自牧《夢粱錄》、潛說友《咸淳臨安
志》、耐得翁《都城紀勝》及西湖老人《西湖老人繁勝
錄》等。這些當世人寫當世事的筆記類作品，依稀是近
現代城市導覽指南之雛形。只是當時尚未有二十世紀機
械複製的大眾類文化，這些作品往往只能是士大夫階層
的自娛自樂。及至周密《武林舊事》，又恢復移民憑弔
故國的傳統。到了明朝，田汝成之《西湖遊覽志》記載
西湖名勝掌故，歷代詩人題詠，既是地方誌也是文學作
品。其《西湖遊覽志餘》則多記錄遺聞軼事，成為明末
小說家的故事素材。[3]

　　清末丁丙的《武林坊巷志》徵集文獻超過1,600
種，成書五十三冊，煌煌大觀，是中國歷史上最大的一
部都市志。[4] 其一重要特點是只記錄杭州城內的事物，
城門之外的西湖直接略過。這事實上反映了杭州在辛亥
革命之前的空間格局，即雖然杭州以西湖名滿天下，但
西湖並不是杭州城市的一部分。辛亥革命軍興，民國新
政府採取一系列舉措如廢除旗營，逐步拆除城牆。其
結果是西湖從此在空間上正式融入杭州城市。[5] 與此同

3　黃立振，《八百種古典文學著作介紹》（鄭州：中州書畫社，
　　1982），466-467。

4　陳橋驛，《中國都城辭典》（南昌：江西教育出版社，1999），
　　1321。

5　傅舒蘭、西村幸夫，〈論杭州城湖一體城市形態的形成——從近
　　代初期湖濱地區建設新市場計畫相關的歷史研究展開〉，《城市
　　規劃》，第38卷第12期（2014），18-21。

時，杭州隨著運河運輸的式微，失去了其東南中國運輸大動脈的戰略作用，在工商文化發展上，都漸趨落後於臨近的新興國際城市上海。[6] 隨著1916年12月滬杭鐵路建成通車，滬杭兩地距離逐漸拉近，即大衛・哈威（David Harvey）所謂的現代性下的「時空壓縮「（time-space compression）。[7] 這種壓縮帶來杭州城市性質與功能的變化：杭州漸漸成為上海的「後花園」。在這一情況下，杭州城市介紹、旅遊指南這一類的書籍在二十世紀上半葉成為一種產業。本叢書收錄的幾種杭州導覽中，大多都可歸為此類。在此八本導覽中，三本（《杭州市指南》、《遊杭必攜》及《杭州導遊》）出版於二十世紀三十年代，即「南京十年」的中後期；四本（《遊覽杭州西湖新導》、《杭州名勝導遊》、《杭州市民手冊》及《杭州通覽》）出版於抗日戰爭以後，國共內戰時期；一本（《杭州導遊》）出版於中華人民共和國時期。

《杭州市指南》出版於民國二十三年，紹興人張光釗編撰。張光釗擅長地圖繪製，早年曾製作出版紹興縣全圖。[8] 後在杭州工作期間出版《最近實測杭州市街

6　Liping Wang, "Tourism and Spatial Change in Hangzhou, 1911-1927," in *Remaking the Chinese City: Modernity and National Identity, 1900-1950*, ed., Joseph W. Esherick (Honolulu: University of Hawai'i Press, 2002), 112-113.

7　David Harvey, *The Condition of Postmodernity: An Enquiry into the Origins of Cultural Change* (Hoboken, NJ: Wiley-Blackwell, 1991), 260.

8　朱仲華、王保良，〈袍澤敬數小學和王聲初先生〉，中國人民政治協商會議浙江省紹興縣委員會文史資料研究委員會，《紹興文史資料選輯》，第1輯（1983），159-162。

圖》、《杭州古舊地圖集》。從本書張彭年序言得知，張光釗地圖作品應用廣泛，當時杭州各個機關單位無一例外在使用其實測地圖。張靜江主政浙江時舉辦「西湖博覽會」，也是由張負責繪製關於杭州市的圖表。由此，《杭州市指南》有兩大特點，第一，因作者測繪、工程方面的專長，此書有一種卓爾不群的嚴謹科學態度，不同於傳統杭城指南，多聚焦於風景名勝、文人雅興。如解釋錢塘潮時，作者不吝筆墨，解釋日月天體引力，並附上物理公式。第二，由於作者長期為政府服務，此書行文頗有半官方意味。其中〈未來之杭州〉一節，滔滔不絕將杭城未來規劃，如工業區、大港口計畫及旅遊事業一一展現給讀者。考慮到此書出版的民國二十三年，正是南京十年的黃金時代，因此筆調有著時代特有的意氣風發。如作者展望杭州之未來：「工商業之發展，一日千里，其必成為東方第一大市場，而超過今日之上海者，固可操券而預蔔也。」在這個意義上來說，《杭州市指南》不僅僅是一本介紹杭州衣食住行各方面的指南，也是國民黨政府政治宣傳的工具。

　　《遊杭必攜》與《杭州市指南》同年出版，張光釗亦是其繪圖者，但是兩書反差極大。前者為83頁小冊子，而後者近400頁，因此內容極為繁複。後者的對象讀者比較廣泛，既包括遊客也包括本地居民。《遊杭必攜》則目的明確：「進香及遊子謀便利之圖」。由此可見，杭州歷史上作為東南一帶宗教朝聖中心的地位並

未因現代化進程而喪失。[9] 除了介紹西湖周邊及杭州的寺廟宮觀及其他與進香有關的機構，如素菜館及宗教性旅社外，《遊杭必攜》也提供不少景點的介紹，因此仍能看作一本旅遊指南，蓋宗教旅行原本就是杭州旅遊重要一部分。

《杭州導游》出版於戰雲密佈的民國二十六年，中日戰爭一觸即發。作者趙君豪係著名報人，《旅行雜誌》主編。其作品《中國近代之報業》為中國近代新聞史經典作品。《杭州導遊》由上海中國旅行社出版，其目的性不言而喻。事實上《杭州導遊》為中國旅行社民國十八年《西子湖》的再版。但是改名《杭州導遊》使其功能更為明確，即不再「偏於文藝」，而「切於實用」。因其是旅行社專業導遊書籍，所以作者為讀者與遊客安排多種旅遊行程，如西湖一日、三日、七日遊及自杭州出發的東南遊。這些安排多多少少為以後其他出版物沿襲。同時將杭州遊覽的一些旅遊服務明碼標價，比如登載完整的西湖遊艇價目表。

民國三十五年出版的《遊覽杭州西湖新導》出版商為在古舊書出版行業頗有名望的宋經樓書店。戰時，宋經樓因其主人韓學川聰明勤奮，對於古籍版本很有認識，所以古書生意頗隆。日本投降之後，韓學川感覺舊書生意風光不再，於是積極轉型業務，最後成為醫藥書

---

9 汪利平認為傳統上杭州的宗教朝聖是連結帝國與民間信仰的場域，也是促進地方商業發展的一個重要因素。見 Liping Wang, "Paradise for Sale: Urban Space and Tourism in the Social Transformation of Hangzhou, 1589-1937," Ph. D Dissertation (University of California, San Diego, 1997), 15.

籍一大出版商。[10] 因此《遊覽杭州西湖新導》一書的出版，可以看成宋經樓在戰後初期積極轉換經營方式的一種嘗試。而此書一年內三版，可見生意不惡。從內容上看，《遊覽杭州西湖新導》創新不多，無非是將一些景點介紹，旅遊資訊再次登載。此時國共內戰尚未全面展開，經濟形式沒有完全惡化，因此其作者仍對杭州進一步發展抱樂觀態度，聲稱杭州「漸有成為國際市之趨勢」。

民國三十六年出版之《杭州名勝導遊》極有特色，因其是本叢書唯一收入的中英文雙語旅遊指南。其作者邢心廣稱自己在杭州大學教課之餘，「恣情於山巔水涯」。且認為杭州已成為「國際花園都市」，因此為在國際上推廣杭州旅遊事業之計，特用中英文寫就此書。由於為了照顧海外遊客，作者力求文字簡單，圖文並茂。所以此書是所有導覽中文字最簡略的一本。其也有杭州旅遊不同的排程，但是交通工具相較戰前更為豐富，有舟游、汽車遊、輿遊。書後附上的廣告亦是中英文雙語。

同年出版的《杭州市民手冊》，顧名思義並非旅遊指南，而是一本杭州本地居民日常生活常備工具書。其中各類統計表及政府、行政、工商、法律等資訊匯總非常實用。而此書的作者之一李乃文又是本叢書另一本旅遊指南《杭州通覽》的作者，因此二者內容很多重

---

10 杭州市政協文史資料委員會編，《杭州文史資料 · 第 27 輯 · 湖上拾遺》（杭州：杭州出版社，2007），191。

複。但是民國三十七年出版的《杭州通覽》性質與《杭州市民手冊》不同，是一本為外地遊客，特別是上海遊客準備的旅遊書。從此書可以瞭解，雖然當時內戰正酣，前途未卜，但是上海市民對於杭州旅遊的興趣不減。正如作者所言，「上海人一車一車地擠到杭州來」。以上三本導覽，當時均有良好銷售記錄。民國三十六年出版的《杭州遊覽手冊》曾記載，這三本「各書坊間多有售賣」。[11] 可見旅遊業並未太受時局影響。

1954 年出版的《杭州導遊》是叢書內唯一一本中華人民共和國建國以後出版的指南，因此顯得格外與眾不同。其主旨是共產黨政府當時常見的「人民西湖」的論調，即西湖及其他杭州景觀終於從剝削階級的銷金窩，回到人民手中，成為「全國勞動人民和全世界和平勞動人民遊覽、休養、療養的樂園」。因此在介紹杭州景區時，除了介紹傳統的一些景點，加上了「新中國」特有的如中蘇友誼館、工人文化宮、工人療養院等新設施。哪怕是介紹風塵女子蘇小小之墓時，也必須強調女性在「封建社會」遭受的凌辱，以彰顯「新社會」的優越性。

本叢書收錄的八本導覽指南類書籍，雖跨越三個歷史時期，側重點略有不同，但是仍可以總結出幾條共同特點。其一，從民國二十年左右開始，隨著城牆逐漸被拆除，城湖一體已是共識，不會出現《武林坊

---

11 葉華莘，《杭州遊覽手冊》（上海：中華基督教青年會，1947），53。

巷志》這種將西湖摒除在城市之外的寫作方式。葉凱
蒂（Catherine Yeh）在談論上海晚清的一些城市指南
時認為，這些出版物的一個重要議程就是試圖給予讀
者一個印象：儘管上海行政區劃支離破碎，但是城市
本身日趨成為一個有機的「整合的整體」（integrated
whole）。[12] 而經過二十年的改造，無論作者還是讀者
對於西湖與杭州城市作為「整合的整體」這一觀念已經
牢不可破。其二，在這個整體之內，一些景點，如西湖
十景、八景、二十四景等，或在舊時地方誌、都市志記
載，或通過口口相傳，已經成為公認的場所，無須解
釋。從這個意義上來說，這些指南類書籍成為傳統杭州
與現代杭州兩個維度的結點。其三，大多數作者從事新
聞或出版行業，如《杭州導遊（1937）》之趙君豪、
《遊覽杭州西湖新導》之韓學川、《杭州市民手冊》
之唐錫疇、《杭州導遊（1954）》之烏鵬廷等。這與
上海的情況類似。正如Peter Fritzsche 研究柏林所指出
的，城市具有兩個形態，即作為地方（place）以及作
為文字（text），而這兩個形態互相定義。其中文字城
市（word city）大多是報刊。[13] 叢書收錄的八本指南大
抵也是這個情況，報人出版商承擔著將杭州文字化的工
作，並進一步從地理上、文化上、歷史上定義杭州。

其四，杭州與上海的緊密聯繫得到廣泛認可。自

---

12 Catherine Yeh, *Shanghai Love: Courtesans, Intellectuals, and Entertainment Culture, 1850-1910* (Seattle, WA: University of Washington Press, 2006), 320.

13 Peter Fritzsche, *Reading Berlin*, 1900 (Cambridge, MA: Harvard University Press, 1998), 1.

從滬杭鐵路開通以來，杭州成為上海居民以及落地上海的外國遊客的主要旅遊目的地。不難理解，不僅大多數此類指南類書籍讀者來自上海，而且不少出版於上海（如本叢書的《杭州導遊（1937）》、《杭州市民手冊》與《杭州通覽》）。其中《杭州通覽》一小半廣告乃是上海工商金融企業。回顧杭州導覽類出版物的歷史，最早一本可能是徐珂的《增訂西湖遊覽指南》（1918），本身便是上海商務印書館的出版物。所以滬杭雙城記的故事在這些出版物中表現得淋漓盡致。其五，這些書籍的出版得到杭州工商業裏助甚多，幾乎每一部都有相當篇幅的廣告。《杭州通覽》區區151頁的小冊子居然有35頁廣告，商品經濟之滲透，可見一斑。

　　杭州自1910年代開始出現如《增訂西湖遊覽指南》之類的指南類書籍，[14] 一百年來這樣的出版物汗牛充棟，不可勝數。本叢書提供的八本，也只能管中窺豹。這些出版物不僅僅為外地旅客與本地居民提供生活便利，更是一種對於杭州在各個歷史時期身分地位的一種書面表述與對於未來的願景，此即是「城市即文本」（city as text）的題中之義。

14 傅舒蘭、西村幸夫，〈論杭川城湖一體城市形態的形成〉，22。

編輯凡例

一、 本套叢書收錄近現代中國各地城市指南、市民手
冊、工商手冊等，由中央研究院近代史研究所城
市史研究群徵集、輸入，本社校對並重新排版，
如有錯誤，概由本社負責。

二、 本書儘量採用原徵集各書之文字，不以現行通用
字取代古字、罕用字、簡字等。惟原徵集各書多
數並無標點，或有句無讀，本版另加現行標點符
號，以方便閱讀。

三、 原徵集各書書內廣告頁，為不影響閱讀流暢，集
中於各書之末。書中因印刷不清楚或無法辨識之
文字，以■標示。缺頁、缺圖等則以〔 〕加註。

四、 以上若有未盡之處，敬祈方家指正。

目錄

中國近代歷史
城市指南

City Guidebooks of Modern China

Hangzhou Section

杭州篇

遊杭必攜（1934）

校閱者鍾康候肖像

繪圖者張光釗肖像　　編輯者張國維肖像

叙

　　杭州舊民虎林，左襟西湖，右帶錢江，山水之秀
麗，名勝之蔚然，莫可比倫，錢江八月之潮，風起雲
捲，整齊騰湧，果爲世所罕觀，但一瞬而逝，僅爲片
時之奇觀，若西湖之碧水澄瑩，圓明若鏡，衆山環繞，
形似屏翰，白蘇築二堤於湖間，高僧興梵刹於畔麓，
況復賢哲逸士，代有隱居，遊人騷客，踵趾相接，益
以善男信女，敬禮三竺，植無上之福田，晨鐘暮皷，
驚覺塵世，爲苦海之慈航，維洞天福地，無逾於此，
人工刱設，遠遜清幽，惟是勝蹟林立，探尋每多疏漏，
跋涉遠勞，甯無面失之嗟，張君國維，現將軍身，懷
李杜才，吟詠之餘，輒邀遊於湖山聖水之間，壬申夏
秋，曾手編遊杭必携，畀人參考，茲以滄桑遞變，原
撰諸待補充，爰再稽諸典籍，羅列現狀，增以湖山之
全圖，附刊優勝之風景，重輯是編，俾爲遊杭者作先
導，凡停驂西子湖畔者，袖珍是册，卽未能遍跡湖山，
覽此亦窺全豹，且杭州素號佛地，進香者超乎遊覽，
雖躬聞法音，或未諳佛乘，雖瞻禮聖像，或未悉應化，
茲編凡關於佛史，多所詳述，梵宇興替，備陳周至，
尤爲蒞杭進香者所必覽焉，余爲畧述梗槪，弁諸卷首
爾云。

　　　　　　　民國廿三年仲春月古越鍾利建謹誌

遊杭必攜目錄

西湖名勝略圖

諸惡莫作　眾善奉行

遊杭必攜

鍾康侯校正　張國維編輯

弁言

　　諺云，上有天堂，下有蘇杭，可知蘇杭之勝跡，早已膾炙于人口。若以蘇與杭兩相較之，則蘇不及杭遠矣。而蘇之勝跡最著，無非虎邱玄妙觀滄浪亭留園，此幾處者，或假諸良工，粉飾雕繪，或依乎巧匠，錯彩鏤金。至於杭州西湖，有天然窮巖絕壑，古洞寒泉，而暑日寒宵，俱別饒風味，張簡松詩云（天下西湖三十二，不知何地似杭州）；又蘇軾詩云（欲把西湖比西子，淡粧濃抹也相宜）。以此觀之，而杭州之西湖，誠非他處所能比美者，今將舊史古蹟，分析言之。

名稱

　　古名錢塘湖，又曰明聖湖，金牛湖（漢時有金牛見於湖中，人言明聖之瑞，故名），石函湖，上湖，高士湖，郎官湖，西子湖（宋蘇軾詩云，欲把西湖比西子，當時一般好事者遂名之），又稱西陵，西冷，以其位在杭城之西，後遂名西湖。

沿革

　　漢代以上無聞焉，迨至晉時，謝靈運繙經於天竺，葛洪煉丹於葛嶺，僧慧理飛錫於靈隱，亦無非隱約有其湖山而己，猶个如今日之西湖，譽滿全球也。自唐

李泌爲杭州刺史，費盡時日，鑿通河流，白居易蘇軾先後出守是邦，以湖上築白蘇二長隄，後世傳爲韻事，復有騷人，逸士，高僧，名妓，寄跡其間，而西湖之名乃著，宋高宗建都臨安（即今杭州），冠蓋雲集，笙歌金粉，繁華甲於一時，後經歲月歷久，漸爲滄桑之憾，及清聖祖高宗，屢次巡幸，興復古蹟不少，惜洪楊遭燹，風物全非，近廿年來，始次第規復，更設濬河局，日事修濬，民國成立，改西湖工程局，且用機器以濬之，城桓旣拆，市場新闢，於是環湖馬路，西式樓臺，次第興建，春秋佳日，游衆如林，而今日之西湖，尤入於繁盛時代矣。

形勢

　　周迴三十餘里。面積約占十六方里。東瀕新市場。西南北。三面環山。下有淵泉百道。瀦而爲湖。蓄潔淳深。圓瑩若鏡。湖中蘇堤數里。南北橫亘。分湖爲二。東曰外湖。西曰裏湖。裏湖面積得外湖五分之一。北以金沙堤分小部爲岳南。南以嶼地分小部爲小南湖。以外湖以白堤內爲後湖。孤山聳峙其間。故通稱曰裏外。細分之實有五名也。

勝槪

　　舊有西湖十景，錢塘八景，湖山二十四景，此爲好事者命名，不足盡西湖之勝。矧西湖勝景，朝暮不同，春秋遞變，亦在善遊者之各自領會耳，裏湖以清幽勝，外湖以華麗勝，白堤宜曉行，湖心亭宜遠眺，放鶴

亭宜近挹，初陽臺宜高矚，平湖秋月宜平覽，至南北雙
峯之高聳，九溪十八澗之幽邃，龍井，虎跑，泉水清
冽，烟霞，石屋，古洞迷離，靈隱天竺之奇峯，韜光雲
棲之竹徑，自有天然窮崖絕壑，古洞寒泉，而暑日寒
宵，俱別饒風味，白居易西湖晚歸詩云（煙波澹蕩搖空
碧），歐陽修西湖泛舟詩云（波光柳色碧溟濛），以此
觀之，西湖之聲價可知矣，茲將擇其主要者詳列於后。

西湖十景

一　蘇堤春曉

堤自南九曜山麓至北曲院風荷止，橫亙湖中皆
稱蘇堤，宋蘇軾所濬，因名，堤之兩旁，夾植桃柳，
清康熙間，聖祖南巡，賜建亭於望山橋之南，勒碑亭
內，御題碑曰，蘇堤春曉，雍正二年，世宗諭開濬西
湖，增倍堤岸，補植桃柳，八年，總督李衛，以亭隘
未稱觀瞻，改建岑樓，構曙霞亭於樓後，春間晨光初
照，宿露未收，桃紅柳綠，飛英蘸波，紛披掩映，如
鋪錦列繡也。

二　柳浪聞鶯

柳浪橋，宋時在湧金清波二門間之聚景園，今
已廢圮，尚留一亭，綠堤植柳，翠浪翻空，清聖祖南
巡時，於靈芝寺顯應觀故址，建亭勒石，御賜題曰，
柳浪聞鶯，背負雉堞，面臨方塘，薰風淡蕩，垂楊自
舞，波光溟濛，黃鸝鳴柳，流連傾聽，不啻與畫舫笙

歌相應答耳。

三　雙峯插雲

南北兩岸。相隔十里許。蜿蜒蟠結。對峙爭雄。湖山最高。莫如兩峯。山勢旣峻。上多奇雲。故時露雙尖。望之如插。昔稱兩峯插雲。清聖祖搆亭於行春橋。御賜改題曰。雙峯插雲。每逢春秋佳日。憑欄四望。儼如天門雙闕。拔地撐霄也。

四　花港觀魚

蘇堤第四橋曰鎖瀾，與西岸定香橋斜對，有水自花家山麓注湖，因名花港，港側舊有盧園，爲宋內侍盧允升別墅，鑿池甃石，引港水其中，畜魚數十種，清聖祖南巡，建亭於花港之南，御賜題曰，花港觀魚，旁瀦方池，清可鑑底，安鱗迎沫，咸若其性，亭後有軒，環以曲廊，疊石爲山，花徑透迤，洵湖南絕勝處也。

五　曲院風荷

九里松旁，舊有麯院，宋時取金沙澗之水，造麯以釀官酒，其地多荷花，故舊稱麯院荷風，清聖祖改爲曲院風荷，搆亭於跨虹橋北，東建敞堂三楹，又東建迎薰閣，望春樓，前臨大隄，其西則複道重廊，雲窗月戶，花時香風徐來，水波不興，綠蓋紅裳，照灼雲日，今院已廢，雖有碑亭遺留其間，僅存殘址，令人不無今昔之感矣。

六　雷峯西照

　　山自九曜峯來，逶迤起伏，蜿蟺而至此，昔郡人雷就居之，故曰雷峯，吳越王妃建塔於頂，每當夕陽西墜，塔影橫空，登峯憑眺，頗極佳趣，舊稱雷峯夕照，清聖祖西築御碑亭，賜改題曰，雷峯西照，塔層五級，磚皆赤色，日光西照，與山光相映，宛如金鏡初開，火珠將墜，雖赤城霞映，無過於此，惜塔已於民國十三年毀，現僅存舊址，令人不能於暮色中再見此佳景也。

七　三潭印月

　　宋蘇軾出守杭州，立三塔於湖，塔如瓶，浮漾水中，曾有詩云，三塔亭亭引碧流之句，明成化後毀，萬歷間，濬取葑泥，繞潭作埂，爲放生池，池外湖心，仍置三塔，故有三潭印月之稱，清聖祖時，復建御碑亭於池北，夜涼人靜，孤艇縈洄，洵可濯魄醒心，滌洗塵慮也。

八　平湖秋月

　　平湖統全湖而言之，宋時祝穆，敘西湖十景，首爲平湖秋水，合水月以觀之，而湖水精神，始能表現，相傳梁大同時，建有嘉澤廟，祀錢塘湖龍君，俗稱龍王廟，在蘇堤三橋之南，宋紹興時，遷寶石山下，明季以其址搆望湖亭，轉遷孤山之東隅，據全湖之勝，後圮，康熙三十八年，清聖祖南巡，勒石亭中，御賜題曰，平湖秋月，亭三面臨水，全湖萬態，一覽無遺，每當秋高氣爽，皓皖中天，登亭憑眺，千頃一碧，處身於此，無

復他念矣。

九　南屏晚鐘

　　南屏晚鐘，在淨慈寺之右，寺鐘初動，山谷皆應，逾時乃息，蓋此山隆起，內多空穴，鐘聲一響，山谷共鳴，而傳聲遠播也，明洪武時，以舊鐘小，累銅二萬餘斤，重行新鑄，康熙三十八年，清聖祖御賜題曰南屏晚鐘。

十　斷橋殘雪

　　斷橋殘雪，出錢塘門，循聖塘路沿湖而行，至白堤第一橋曰斷橋，一名段家橋，橋介於後湖前湖之間，若至孤山各地，蠟屐必經過此，清聖祖御賜題曰斷橋殘雪，今橋已圮，改建洋式，上可通車，而碑亭改移橋畔矣。

錢塘八景

一　六橋烟柳

　　六橋，即蘇堤上之六條橋，一曰映波，二曰鎖瀾，三曰望山，四曰壓隄，五曰東浦，六曰跨虹，係宋蘇軾所築，故名蘇堤，六橋依堤，橫亘南北兩路，沿堤植柳，柳性宜水，其色如烟，烟水溟濛，搖漾於赤欄橋畔，洵絕妙之天然圖畫也。

二　九里松雲

唐刺史袁仁敬，植松於行春橋西，達靈隱天竺，約有九里之遙，蒼翠夾道，陰靄如雲，人行其間，衣袂盡綠，歲久彫零，明陳善府志云，尚有一百三十本，邵重生作志云，九十一本，靈隱寺志云，三十餘本，今百餘年，生植培養，已復舊觀，乾隆十六年，高宗遊此，御題西湖畫册九里松詩，又時與靈山白雲相接，故曰雲松。

三　冷泉猿嘯

冷泉在雲林寺前，飛來峯下，峯有呼猿洞，晉僧智一養猿於此，臨澗長嘯，衆猿畢至，風清月白之夜，山林清嘯，甚增幽趣，元人賦錢塘十景，有冷泉猿嘯之目，明以來猿漸減少，而松風鳥語，亦不亞於猿嘯矣。

四　葛嶺朝暾

葛嶺之頂，平可數畝，中立一臺，名曰初陽臺，日初起時，四山皆晦，惟臺上獨明，山鳥羣起，遙望霞氣中，時有海風蕩漾水面，更有影痕，互相照耀，相傳每當廢歷十月之朔，日月並升，詢之故老，莫不云然，考諸天文，亦非無稽。

五　靈石樵歌

靈石山在小麥嶺西南，又名積慶山，山多奇石，瑞光時見，故曰靈石，中有靈石塢，路最深窈，人跡稀少，樵子往來其間，山歌一曲，樵斧丁丁相應，岩石皆

響，誠山中之清籟也。

六　孤山霽雪

　　孤山雖與斷橋以雪名，惟各擅其勝，斷橋以春水初生，畫橋倒映，橋畔積雪，湖朗生姿，故以殘雪名，孤山則突兀水中，高低層疊，朔雪平舖，日光初照，與全湖波光相激射，紅頂黃墻，白雪相映，成佳趣也。

七　北關夜市

　　武林門在城之北，故門以外，皆稱北關，蓋水陸輻輳，商賈雲集，每至夕陽西墜，則航檣卸泊，百貨登市，故市不在日午，而至夜分，且在城闉之外，無金吾之禁，凡遊湖歸者，舊時咸集於此，熙熙攘攘，不減元宵燈市，今則不然，運輸滬杭，多賴火車，香客遊人高賈，均薈萃於湖濱新市場，此景此情，恐不復見矣。

八　浙江秋濤

　　錢塘江畔，其地正對海門，當潮汐往來之衝，方初起時，遼望海門，白光一綫，少頃，如萬馬奔騰，雷擊電硰，震天沃日，流珠濺沫，飛灑天半，大地為之動搖，江濤至是，輒抑聲，過是，則雷吼電怒，每當中秋，倍於往昔，誠奇觀也。

湖山二十四景

一　湖山春社

　　在蘇堤第六橋，清雍正九年，總督李衞創建，祀

湖山之神，正堂間，懸世宗所賜題書竹素園額，右有泉，自棲霞嶺曲折下注，上多桃花，名曰桃溪，引泉環繞堂下，倣古流觴之意，臨水構亭，西建舫齋，名曰臨花舫，南爲水月亭，後爲最景樓，最後爲觀瀑軒，爲香泉室，舊時春社之日，士女祈賽，畫鼓靈簫，喧闐竟日，邇來逐漸衰頹，大有今昔之感。

二　玉帶晴虹

在金沙港，與蘇堤之望山橋對，清雍正八年，總督李衞，築堤望山橋北，名金沙堤，復於堤上，架石梁以通舟楫，港中溪流湍激，設三洞以潄勢，狀如帶環，故名，板橋迴廊繞水，朱闌倒影，橋畔花柳夾映，晴光照灼，洵如波上長虹，橫亙霄漢矣。

三　吳山大觀

吳山在城之南，上有頂石，其平如砥，天然成臺，可資遠眺，東望海門，宛若犬牙，西挹湖山，堆青潑黛，雲物之奇，氣象之盛，莫不於斯臺得之，洵江湖之大觀也。

四　梅林歸鶴

放鶴亭在孤山之陰，宋處士林逋之故廬也，舊多古梅，相傳爲林逋所手植，元至元間，儒學提舉余謙，始搆亭曰梅亭，郡人陳子安，以逋嘗放鶴於此，又搆放鶴亭，日久並圮，明嘉靖重建，清康熙三十四年，命刑部員外郎宋駿業，督工重建，三十八年，聖祖御賜書額

題曰放鶴，又勒碑於亭內，御書舞鶴賦。

五　湖心平眺

　　湖心亭居全湖之中，宋蘇軾，建三塔於湖，明正德時毀，惟北一塔基尚存，嘉靖三十一年，知縣孫孟建亭其上，顏曰振鷺，後圮，萬曆四年，按察僉事徐廷裸，重行改建，題額曰太虛一點，司禮監孫隆，以規製未稱，撤舊材置問水亭於湧金門外，復於原處疊石四周，別成傑閣，題額曰嘉靖，詞客遊子，通稱曰湖心亭，清初，重加修葺，康熙三十八年，聖祖南巡，御題亭樓聯額，雍正五年，增建敞堂三楹，堂後增構水軒，乾隆十五年，復於亭之南，築基起臺，架平橋以達湖面，青平繞座，碧練平階，白居易詩云，蓬萊宮在水中央，差可信也。

六　寶石鳳亭

　　寶石山形如翔鳳，上有保俶塔，如鳳之尾，清總督李衛，建亭，題額曰來鳳，秋高氣爽，岩石瘦削，風景特異，重九登高，斯爲勝選，日久失修，塔身稍斜，當道恐有傾圮之危，集歁重建，與原毫無差異，並於每級四週，及其頂端，加以電炬，至晚放光時，遠遠可見，放湖光之異彩也。

七　蕉石鳴琴

　　在丁家山之側，清雍正九年，總督李衛，建舫室於山亭之上，軒檻凌虛，恍若浮槎天漢，舫前奇石林

立，狀類芭蕉，石根天然一池，有泉自石罅流出，磴道
石壁丈許，前一巨石，卓立如屏，故名蕉屏，若攜琴
而操之，而高山流水，可於此間得之矣。

八　玉泉魚躍

　　泉在清漣寺內，發源西山，隱流數十里，至此始
見，甃石爲池，方廣三丈許，清澈見底，鱗鬣可數，投
以香餌，則魚揚鰭而來，吞之輒去，有相忘江湖之樂，
泉旁榜有魚樂國三字，泉上有洗心亭，旁一小池，水色
翠綠，以白粉投之，竟成綠色，清聖祖高宗，均有題詩
贊賞。

九　風嶺松濤

　　萬松嶺在鳳凰山之半，舊時夾道植松，唐白居易
有詩云，萬株松樹青山上，即爲此也，南宋密邇宮禁，
紅墻碧瓦，高下鱗次，上有額曰松門坊，清雍正八年，
以舊松存留無幾，補植萬株，以還舊觀，天風鼓戞，時
與江上濤聲互相應答，現修闢馬路，僅留十之一耳。

十　天竺香市

　　天竺在靈隱之南，路旁岩竇邱壑，夾道溪流潺
潺，每當春秋之際，各方人士，來山進香者，寶馬香
車，絡繹於途，天竺之古刹，共有三，寺皆宏麗，晨鐘
暮鼓，彼此間作，高僧徒侶，相聚焚香，洵佛國也。

十一　韜光觀海

　　從雲林寺西徑，穿叢篁中，援葛攀籐，屈曲而上，約三四里，而達韜光，懸崖結屋，勢若凌空，頂有石椅方丈，正對之江，江盡即海，洪波白浪，與天相接，唐宋之問詩云，樓觀滄海日，門對浙江潮，又楊巨源詩云，曾過靈隱江邊寺，獨宿江樓看海門，清高宗六次巡幸，皆有題句。

十二　雲棲梵徑

　　雲棲在五雲山之西，前繞大江，沿江取路而入，行萬叢中，竹徑幽蔽，仰不見日，高下屈曲，轉入轉深，不辨所出，山半有洗心亭，遊人得爲憩息，進雲棲亭漸聞鐘磬聲，則雲棲寺在焉，寺吳越時建，後名棲真寺，日久頃圮，清乾隆間，僧袾宏，號蓮池大師，重行創建，規復雲棲，寺前爲皇竹亭，清康熙總督梁鼐所築。

十三　西溪探梅

　　由松木塲至留下，皆稱西溪，曲水彎環，羣山四繞，名園古刹，前後接踵，其地獨盛於梅花，蓋居民以梅爲業，種梅不事雜植，且勤加修護，早春時，沿溪泛舟而入，彌漫如香雪海，且華亭石塢間，有亭一泓，雪漚旋起，作梅花瓣，與溪上梅花相交映，泉上有丁立誠梅詩塚。

十四　小有天園

　　在慧日峯南屏山之麓，疊巘層巒，丹崖翠壁，下有精舍，名壑菴，郡人汪之萼別業，石筍林列，秀削玲瓏，有泉自石隙出，匯為深池，古木壽籐，周匝環繞，舊名金鯽池，宋蘇軾撫檻散齋之所也，復構南山亭於慧日峯上，拾級而登，歷幽居洞，陟歡喜岩，抵琴台，觀司馬光摩崖石徑，八卦隸書，再上為南山亭，山峯既高，所見益遠，全湖風景，近在眉睫焉。

十五　漪園

　　即白雲菴，在雷峯塔故址之西，此則宋翠芳園，一名屏山園之舊址也，昔時有五花亭，八面亭，明末為僧居之，名曰白雲菴，清時郡人汪獻琛，重加修葺，改名慈雲，沿堤植柳，間以楞亭竹樹，乾隆二十二年，清高宗御賜題額曰漪園。

十六　留餘山居

　　在南高峯北麓，循仄徑而上，灌莽叢薄中，奇石壁立，山陰陶驤，疏石得泉，其泉石壁下注，高數丈許，水滴崖石，鏧鏧作琴築聲，遂於泉址搆亭，結蘆其中，俗稱陶莊，增建亭榭，剔幽抉險，玲瓏怪巧，儼若天成，由泉左攀陟至頂，有白雲窩樓，西有一臺，登此遙矚西湖，泃若杯水，乾隆二十二年，御賜題額曰留餘山居。

十七　篁嶺卷阿

篁嶺在龍井之背，上多蒼篔篠蕩，風韻蕭林，其初叢薄荒密，宋僧元淨，淬治潔楚，趙抃，蘇軾，蘇轍，秦觀，米芾諸人，皆與之友，其後遂成名勝，清乾隆廿六年，浙鹽諸商，於此備高宗憩息之所，堂軒泉石，煥然一新，二十七年高宗御賜題額曰篁嶺卷阿。

十八　吟香別業

在孤山東麓，清浙江巡撫范承模去浙時，書題勾留處三字於湖心亭，取白居易詩，一半勾留是此湖之意，承模之子時崇，爲閩浙總督時，建築斯亭，移勾留處三字，懸於亭額，亭臨方池，中栽荷花，周繞石垣，臨池增建水閣，輔以舫齋，環以曲廊，左構重樓，右建高軒，遂成湖上勝地也。

十九　瑞石古洞

在吳山瑞石山之麓，俗稱紫陽山，清高宗南巡，駕幸數次，每多題詩賞識。

二十　黃龍積翠

在棲霞嶺之陰，一名無門洞，又名天龍洞，洞本甚淺，近來開鑿至深，外搆亭臺，假山瀑布，並建院宇，頗稱極趣。

二十一　香臺普現

在葛嶺之麓，舊時在孤山瑪瑙寶勝院，宋紹興

間，徒築於此，清乾隆四十四年，高宗御賜題額曰香臺普現，又曰禊亭遺韻。

二十二 澄觀臺

在鳳凰山之右翼，唐時人稱之曰中峯，吳越時建勝果寺於此，宋熙甯中，太守祖無擇，面石作亭，名曰介亭，南渡後，以地爲殿前司衙，又於介亭後建樓，名曰，冲天樓，極頂有平地，長廣約三十餘畝，相傳爲殿前司教場，宋高宗，孝宗，光宗，三朝，皆嘗御校於此，今猶相沿稱御校場，其他岩壑靈秀，勝景彙萃，升巔則自江湖以外，南眺於越，西望富春，浦淑岡巒，了了在目焉。

二十三 六和塔

在月輪山上，宋開寶創建，以鎮江潮，凡九級，高五十餘丈，宣和時燬，紹興時，以故基重建七級，清雍正十三年，世宗發帑鼎新，欄循鋼鐸，面面開敞，內砌磴道，可登極頂，則江海雲霞，羣山盡可俯掇，清乾隆辛未，御賜題匾額。

二十四 述古堂

在孤山六一泉之左，廣化寺之旁，巡撫王寶濬，治湖告成，勒碑紀事，即其地爲樹碑之所，地爲柏堂竹閣故址，後移建，還其舊跡，清高宗御賜題額曰述古堂，柏堂，竹閣，並有題詩贊賞。

　　以上各地勝跡，概行說明之矣，茲將進香及遊覽
行程，詳述於下。

進香及遊覽者注意

　　至杭州進香及遊覽者，必按日分程，循路而行
（如南山路北山路等），庶無紆繞遺漏之憾，惟陸路必
擇晴日，不若湖中泛舟，雖雨無礙也，茲約其途徑及寓
處，宜注意者如下，西湖近在錢塘湧金清波三門間，故
出城即達，今城垣已拆，拓建馬路，曰新市場，而鴨綠
螺青，瞭焉在望，若宜水行，則須於湖濱公園各碼頭雇
舟，若宜陸行，則乘肩輿，較爲便利。

　　寓處宜在新市場各旅館，若專意進香者，須在延
齡路功德林蔬食處之旅舍，食宿均較清淨，內備各種佛
經，足供禮佛者隨時研究，幷可流通，再備各種頂上香
燭，以預來賓進香之用，飲食之淨，房舍之潔，招待之
週，爲各旅館之所不及也。

杭州功德林

戒殺放生　消災集福　持齋茹素　益壽延年

第一日進香及遊覽　北山路（陸行）

上天竺　中天竺　下天竺　飛來峯　靈隱　雲林寺
韜光玉泉　清漣寺　靈峯　護國寺　黃龍洞　金鼓洞
白沙泉紫雲洞　棲霞洞　初陽臺　葛嶺　寶石山　昭慶寺

　　凡進香及遊覽北山路各地，由新市塲出錢塘門，先因直達上天竺，一爲表示虔誠，二無紆繞之憾，由上天竺至中天竺，再由中天竺至下天竺，三面阻山，中路直闢，形若函谷，轉折至飛來峯，峯前有理公岩，南有龍泓洞，射旭洞，玉乳洞（俗稱一綫天），道經廻龍橋，橋上有春淙亭，少憩，然後至雲林寺進香，由左登韜光，再上爲北高峯，由原路下山，經九里松濤，至玉泉清漣寺，又西北至靈峯寺，轉東北至護國寺，南行至黃龍洞，復折至金鼓洞，白沙泉，紫雲棲霞諸洞，東上至初陽臺，下至葛嶺抱樸廬，又東至寶石山，再上有保俶塔，轉東下經頓開嶺至昭慶寺，歸途仍入錢塘門。

　　午餐可在靈隱頭山門，飯肆頗多，素餐亦佳，味頗適口，取值極廉。

第二日進香及遊覽　（湖上乘舟）

湖心亭　三潭印月　汪莊　高莊　花港觀魚　劉莊　郭莊
岳王坟　鳳林寺　秋社　武松墓　蘇小小墓　西冷印社
中山公園　平湖秋月　放鶴亭　玉佛招賢寺　瑪瑙寺　大佛寺

　　凡湖上各地進香及遊覽者，先由湖濱各碼頭雇舟至湖心亭，亭西有博覽會紀念塔，塔後有阮公墩，再折至三潭印月，上有先賢祠，關帝廟，九曲橋，卍字亭諸勝蹟，轉折至汪莊少憩，經鎖瀾橋至高莊，北向經花港觀魚勝蹟至劉莊，登丁家山，在蕉石鳴琴勝蹟處下舟，再北向，入臥龍橋，至郭莊（卽汾陽別墅），經玉帶橋至岳坟，少憩，至鳳林寺，寺前有陶楊沈三烈士墓，秋社，武松墓，蘇小小墓，復折至西冷印社，社側有浙江圖書館，文瀾閣，至中山公園，平湖秋月，轉折至放鶴亭，亭側有林和靖墓，馮小青墓，再經博覽會橋，至玉佛招賢寺，寺側有孤雲草舍，復東行至瑪瑙寺，寺前有多子塔院，左側有智果寺，抱青別墅，再東有堅抱別墅，至大佛寺，少憩，然後經斷橋而至湖濱公園登岸。

　　午餐可在岳坟前飯肆，素菜極美，價值較廉。

第三日進香及遊覽　南山路（陸行）

永明塔院　淨慈寺　法相寺　六通寺　石屋洞　南高峯
煙霞洞　水樂洞　理安寺　龍井寺　南天竺

　　凡南山路進香及遊覽者，可由新市場沿湧金門而至清波門，經長橋至永明塔院，出至淨慈寺，寺內有運木古井勝蹟，西行至九曜山，太子灣前，謁張蒼水祠墓，復西行經高麗寺筲箕灣，至法相寺，六通寺，寺邊有聖壽亭，轉折經石屋嶺，至石屋洞，再登南高峯，峯側有觀音崖，獅子崖諸勝蹟，復經烟霞嶺，至烟霞洞，

水樂洞，南經楊梅嶺至理安寺，探九溪十八澗，復西行至龍井，對澗為八角亭，井旁有神運石，石下有玉泓池，再左有一片雲，滌心沼，再經鳳凰嶺，遊老龍井，轉折南天竺，至茅家埠乘舟至湖濱公園登岸。

午餐可在烟霞洞，理安寺，均設有飯肆。

第四日進香及遊覽 江干路（陸行）

六和塔　雲棲寺　五雲山　虎跑　玉皇山　紫來洞
慈雲嶺　蓮花峯

凡江干路進香及遊覽者。由湖濱直出鳳山門。至江干閘口。登白塔嶺。至月輪山開化寺。登六和塔。於是徧歷九龍頭。西南至雲棲寺。轉折至五雲山。由江干至此。凡六里。計七十二灣。石磴千有餘級。頂有平崗。山峯有二亭。東行至虎跑寺。即大慈定慧寺。復東行登玉皇山。即福星觀。山峯有七星缸。紫來洞。右山谷有靈光洞。亦名登雲觀。東下慈雲嶺。復折至蓮花峯。華津洞。接引洞由方家峪經玉皇山路。至長橋而回湖濱。此路苦無飯肆。午餐祇可在五雲山或虎跑。求諸僧人。給以相當酬資。

第五日進香及遊覽 西谿路（水陸行）

彌陀寺　老和山　老東嶽　法華寺　龍駒塢　花塢
（以上陸行）　秋雪菴　交蘆菴

凡進香及遊覽西谿路者，因出錢塘門，至松木場，至彌陀寺，復折至老和山，即秦亭山，西至法華山，老東嶽，南側有法華寺，寺內有法華泉，轉折至龍駒塢，復西行至花塢，少憩，再折至留下，雇舟至秋雪菴，交蘆菴，轉至吳家碼頭登岸而返，午餐可在留下飯肆作膳。

以上按日分程，計許五日之久，始能畢事，若專意進香者，須以北山路爲最著重，若兼遊覽者，必須按日循路而行，期無遺漏之憾，至以事來杭，無暇久留者，則可專以三日，分遊北山南山江干三路，其湖上各勝跡，則遊屐既經，自必有所寓目，若幷此三路，而不克分日以遊，則捨一日之光陰，按照下列順序，可遊中山公園，西泠印社，岳王坟，玉泉，靈隱，飛來峯，龍井，虎跑，玉皇山，紫來洞，蓮花峯等處，以上十一處勝跡，名震環宇，聲聞遠播，既已來杭，斷不可失之交臂，無論如何，必須撥冗一往也。

今將湖上五路各地之勝跡稗史，槪行詳載於下：

北山路（各地勝蹟之說明）

法喜寺

上天竺　中天竺　下天竺

　　自靈隱之天門，周圍數十里，兩峯相夾，巒岫重裏，皆稱天竺山。

　　上天竺寺，名曰法喜寺，晉僧道翊，結蘆山中，迨吳越忠懿王，開路築基，創建佛廬，，名曰天竺看經院，宋南渡時，改院為寺，清聖祖駕幸四次，迭經修葺，有御製碑文，題曰法雨慈雲，寺後有白雲峯，時有白雲覆其上，故名，峯下有白雲泉，陽為琴崗，陰為烏石岩，寺前有乳竇峯，下有空岩，懸乳如脂，甘和可啖，峯下有乳竇泉，色白如乳，故名，寺旁有雙檜峯，有雙檜婆娑，下有雙檜岩。

法淨寺

　　中天竺寺，名曰法淨寺，寺坐稽留峯，隋開皇間，僧寶掌從西域來，入定於此，明正德間燬，後重建，清康熙四十二年，御賜額題曰，靈竺慈緣，寺後有峯，曰稽留峯，相傳唐堯時，許由隱居於此，後訛爲稽留，誤也，寺後有千歲岩，僧寶掌，自稱度世一千另七十二年，故名，寺旁有楓木塢，舊多楓木，故名，寺西有中印峯，僧寶掌乃西域中印人，故名，峯下有中印菴，菴坐法雲弄，背對靈隱山，菴側有天香岩，與善住峯相連。

法鏡寺

下天竺寺，名曰法鏡寺，初名繙經院，晉時僧慧理創建，對山有月柱峯，峯多桂樹，相傳月中桂子嘗墜此，唐時宋之問詩云（桂子月中落，天香雲外瓢），卽此意也，峯後有香林洞，右側爲日月岩，岩旁一臺，爲繙經臺，晉謝靈運於此，將北本涅槃經翻爲南本，計三十七卷，故內有七葉堂，寺後有三生石，相傳唐李源，與僧圓澤，再生相遇於此，故名，寺側有金佛洞，洞旁有蓮花泉，泉側有瓔珞泉，兩泉清洌，不亞龍井虎跑，惜知者尠矣。

雲林寺

靈隱山

靈隱山（一名武林山，又曰靈苑山），山有孤石壁立，大三十圍，其頂四散，狀似蓮花，名曰蓮花峯，山高九十二丈，周十餘里，山麓有雲林寺，本名靈隱寺，淸康熙二十八年聖祖至杭州時，寺僧乞書寺額，聖祖欣然濡筆，方書就靈字之上截雨字，意中微嫌筆勢稍縱，慮下截或不相稱，至躊躇間，高江村學士在側，乃書雲林二字於手中，手向御案而立，聖祖瞥見之，大

悅，即寫雲林，因改雲林寺，寺內經樓佛閣，大可瞻
觀，晉咸和元年，僧慧理創建，元明，興廢靡常，清僧
宏禮募化重建，寺內有覺皇殿，直指堂，羅漢殿，金光
明殿，輪藏閣，大樹堂，尚鑑堂，華嚴閣，聯燈閣，青
蓮閣，梵香閣，玉樹林，紫竹林，萬竹樓諸勝，乾隆
十六年，賜題覺皇殿，曰（鷲嶺龍宮），賜題直指堂，
曰（涌翠披雲），寺左有羅漢堂，供羅漢五百尊，並奉
宋濟顛僧像，湖上古刹，足稱冠焉。

飛來峯石佛

　　寺前有峯，曰靈鷲峯（又名飛來峯），僧慧理登
此山而嘆曰，此是天竺國靈鷲山之小嶺，不知何時飛
來，因此又號飛來峯，俗傳此山飛來，誤也，峯界靈隱
天竺二山間，高僅數十丈，而蒼翠玉立，奇突詘曲，頗
極變幻之致，上多異木，不假土壤，根生石外，矯若龍
蛇，峯下岩局窈窕，屈曲通明，溜乳作花，若刻若縷，
岩鐫佛像，傳爲元僧楊璉眞伽所爲，而今模糊難辨矣。
　　峯西爲白猿峯，峯下有洞，曰呼猿洞，相傳宋僧
智一善嘯，嘗養猿於山間，臨澗長嘯，眾猿畢至，故

名，其洞有路，可通天竺，東南有龍泓洞（一名岩石室，又名通天洞），舊傳葛洪於此得道，洞徹之江，下通蕭山，昔有採石乳者，潛入其洞，陡聞波浪聲，僧人就洞兩畔，鐫十六羅漢像，以鎮之，洞口爲理公岩，僧慧理嘗偃息其下，後有僧於岩上，周鐫羅漢像，慈雲法師所謂訪慧理於禪岩，即客兒山館是也，岩有射旭洞，與龍泓洞通，外視之，洞可容數百人，內視之，可樹百椽屋，回旋曲折，峯石縱橫，左側有玉乳洞（俗稱一綫天），旭光一綫，上透極頂，故名。

冷泉亭

冷泉亭

冷泉，係唐刺史元藇所建，泉流自蓮花峯麓而下，旋碧濺白，勢如壯濤，稍淳蓄寺前，乃由廻龍合澗二橋東趨而出，昔林洪有詩云（流出西湖載歌舞，回頭不是在山時），其寓意以泉水清冽，流出西湖，不及在山時之高潔也，因湖上舊有歌妓故耳，杜甫所謂，在山泉水清，出山泉水濁洶，不謬焉，亭側有壑雷亭，宋趙安撫創建，細泉戛戛，大壑陰陰，爽一時之精神，幻無

窮之心目，趣矣。

春淙亭

春淙亭

　　亭之東有廻龍橋，橋上有春淙亭，半間小築，四面清風，遊人至此，頗增興趣，亭之對面有合澗橋，北澗從靈隱奔注，南澗從天竺奔注，兩澗到此合流，故名，橋旁有茶樓，菜館，清乾嘉時，有蕭九娘居此當爐，名盛一時，時名士袁湘湄，曾繪寒爐買醉圖一幅，當時一般儒流文人，題詠者甚多，咸謂湖山韻事。

北高峯

　　北高峯在雲林寺後，爲靈隱山左支之最高者，與南高峯相對，時露雙尖，望之如插，唐天寶中，建浮屠七層於頂，今圮，羣山屏列，湖水鏡浮，雲光倒垂，萬象在下，遙望之江，如匹練之新濯，遊人至此，萬念俱灰，峯之南，有巢枸塢之韜光菴，舊名廣嚴菴，吳越王建，唐時，僧韜光卓錫於此，故名之，峯高百盤，流泉數十折，山僧刳竹引泉，隨曲折繞道，達於山厨，水聲淙淙，沸若絃索，其泉曰韜光泉，其徑曰韜光徑，菴頂

有烏石峯，高與北高峯齊，其色黑，故名之。

韜光　　　　　　　玉泉

玉泉清漣寺

　　清漣寺在仙姑山之北，介於履泰靈隱之間，山下，即耿家步也，南齊時建，名曰淨空禪院，清聖祖巡幸至此，改名清漣寺，寺內有池，廣三丈許，中立石塔，水清若鏡，底積綠苔，中蓄五色魚，浮沉上下，鱗鬣可數，長或及三四尺，池名玉泉，是以玉泉觀魚，亦稱湖上勝景之一，寺內又有細雨泉，上有晴雨軒，泉眼下通，浮激波面，狀若細雨，因名。

靈峯山　靈峯寺

　　靈峯山在青芝塢西，介桃源嶺秦亭山間，棲霞仙姑，兩山為之屏蔽，境至清幽，泉鳴琮琤，山多梅樹，相傳有靈峯觀梅之稱，塢後有靈峯寺（舊名鷲峯禪院），宋治平二年改為靈峯寺，晉開運間，吳越王延伏虎光禪師居之，寺內有眠雲室，容碧軒諸勝，其右有掬月泉，面前有屋，小如艇，後有長廊，曰羅漢廊，右有

來鶴亭，石徑盤旋而上，高二十丈，石磴七十餘級。

護國寺

護國寺在棲霞嶺之掃箒塢，初慧開禪師，由黃龍峯卓錫於此，禱雨輒應，少保孟琪，捐金建寺，淳佑五年，御賜題額曰，護國寺，七年，京師亢旱，有旨宣召僧慧開，至選德殿演說，雨隨至，既還，上又遣內侍來，問何時霑足，僧慧開對曰，寂然不動，感而遂通，是夕，雨如傾，上大悅，賜號佛眼禪師，後有龍洞，深不可測，八年，天又旱，鄭丞相清之，特請祈禱，又大雨，上又賜護國龍祠，寶祐六年，上賜平江官田三千畝，元末燬，明初重建。

黃龍洞

黃龍洞在棲霞嶺之背，宋淳祐間，僧慧開卓錫於此，有石谽谺，不合如礪，色紺而冽，澄若重淵，人以爲龍涎，故名之，其洞舊不甚深，近年來開鑿堆疊，景至幽邃，旁有數小洞，正洞中立一大佛像，距洞數十步，有粵人建築假山瀑布，裝以龍像，泉自龍口吐出，神極至妙，泉上以石條爲橋，可涉足橫跨，點綴精工，清雅宜人，殿內供立太上老君像，係道教住持之，俗稱天龍洞無門洞者，皆係黃龍洞之別稱也。

黃龍洞　　　　　　　　金鼓洞

金鼓洞

　　金鼓洞在棲霞嶺之北，相傳昔有匠人伐石其間，聞金鼓聲乃止，洞中石泉清泓，深窺莫測，洞前修竹千竿，翠筠瀟洒，該洞前住持道人仇性初氏，善工詩文，尤精書法，與余有莫逆之稱，惟憾天不假緣，而今飄飄然羽化矣，洞前有雲水閣，窗月伴吟，竹風醒醉，洵幽趣也，洞之側有古劍關，關畔有宋輔文侯牛皋墓。

白沙山　白沙泉

　　白沙山在棲霞玉泉之間，山多異木，蒼翠可愛，山後有白沙泉，泉自洞中流出，涵爲一池，山脈融液，獨源所鍾，故泓深瑩潔，異於衆泉，康南海至此，大爲忻賞，濡筆題曰，白沙泉三字。

紫雲洞

紫雲洞

　　紫雲洞在棲霞嶺之側，峭聳嵌空，石色若暮雲凝紫，陰涼徹骨，從洞下二十餘級，巍然若堂，內外明朗，空中有石樓倒垂，上設峻檻，有階可升，中供觀世音石像，座鐫紫雲洞天四字，洞側有雙桐菴，幽寂可坐，洞下有香山洞，洞前有香山菴，窮極幽趣，閒時少憩，心曠神怡。

棲霞洞

　　棲霞洞在棲霞嶺上，宋賈似道搜得之，洞穹然如石屋，兩石相倚如閟閟，凄神寒骨，暑遊最宜，洞側有妙智寺，宋時張太尉創建，內有棲霞井，深丈餘，泉極甘洌。

初陽臺

初陽臺

　　初陽臺在葛嶺之巔，平衍可數畝，舊歷十月朔，日輪乍起，微露一痕，瞬息霞光萬道，天半俱赤，倏忽變幻，相傳日月並行，炯然可觀，西瞰則諸山蜿蜒，北眺則萬頃平疇，南望則全湖歷歷，東覽則烟火萬家，屋廬可數，之江大海，隱隱天際，極遠近眺覽之勝，夏日薄暮登臨，拂袂生涼，令人留連忘返。

葛仙菴

葛仙菴

葛嶺在寶石山西，相傳普葛洪煉丹於此，嶺上築有煉丹臺，又有宋賈似道鬥蟋蟀之半閒堂，今改爲抱朴廬，右側爲葛仙菴，舊名涵青道院，菴內有煉丹井，餐霞室，菴前石坊一座，題曰葛嶺朝暾，自山下拾級至此，石亭曲折，綠樹生陰，下視蘇堤，宛如玉帶，洵幽趣也，嶺上有喜雨亭，九轉亭，頑石亭，覽燦亭，諸亭隨徑而築，俾遊人得可隨意息足，其最高爲寶雲亭，當初陽臺與葛仙菴之間，高不迕風，低不障景，拾級望湖，猶倚翠屏而臨明鏡也，抱撲廬之樓臺亭閣，大都係滬上顏料業楊叔英募建，修葺湖山古蹟，本爲善舉，詎楊某本一市儈，落成之後，佔於私有，另雇傭役管理之，人咸稱曰楊莊，仰望諸當道，設法恢復古蹟，功德無量，更上爲煉丹臺，題額曰遊仙臺，後有石洞，面積盈丈，中鐫葛仙翁像，前有一池，泉水清冽，清可鑑底，越嶺爲寶雲山，東北與巾子峯相接，有錦塢，有寶雲寺，林木蔥翠，幽秀菁深，當葛嶺之半，近築有赤壁菴，梵宇幾楹，頗稱精雅，遊人至此，畧可息足。

保俶塔

保俶塔

寶石山（一名甁石山，又名巨石山），形如翔鳳，高六十三丈，周十三里有奇，山頂有保俶塔，吳越相吳延爽建，俶即吳越王之名，世傳爲寡嫂祈叔平安而建，因訛稱保叔塔，或更誤爲保所塔，塔曾毀，後重建，高倚天外，塔下舊有寺，曰崇壽院，僧寮依山而建，石壁峭立，梵唄之音，出自林杪，洵爲夐絕，塔旁有落星石（一名壽星石，或曰萬歲石），右側有看松臺，俯臨巨壑，仰拂松梢，臺旁有來鳳亭，亦名西爽亭，清李衞建，清秋木落，岩石瘦削，其風景絕佳，山之東有彌勒院，宋僧思淨，善畫彌勒，就將寶石山刻石爲彌勒像，至七年乃成，時爲兜率寺，後改爲彌勒院。

昭慶寺

昭慶寺，舊名菩提院，吳越王創建，清高宗賜題額曰深入定慧，寺外有靑蓮池，萬善橋，寺內有戒壇，千佛閣，藏經閣，定觀堂，觀音井，看山亭，臥牛石，自經洪楊之役，遂多荒廢，後由邑人助貲重修，而今佛殿宏敞，巍然一大叢林也，至於昭慶寺之東，舊爲錢塘門，今城垣既拆，改爲聖塘路，寺之西，即與白堤相近，提東臨外湖有張勤果公公祠，臨後湖，則有梅麗公園，清劉銘之，爲其婦梅麗而築也。

湖上舟行（各地勝蹟之說明）

湖心亭

湖心亭

　　湖心亭在全湖中心，四面臨水，西向正對南北兩峯，翼以雕欄，花木掩映，舊有層樓，憑欄四望，羣山環立如屏，清聖祖賜額，題曰靜觀萬籟，後有敞堂三楹，堂後爲水軒，架於湖面，雕甍畫檻，金碧燦然，後圮，前經胡思義君捐資重修，煥然一新，亭後有阮公墩，清浙撫阮元開濬西湖，棄土於此，因名之，亭西有博覽會紀念塔，塔係民國十八年，開全國博覽會所建，故名。

三潭印月

　　宋蘇軾立塔於湖，形如瓶，浮漾水中，明成化間毀，萬歷間又復其舊，月光印潭，分塔爲三，因名之，清聖祖南巡時，賜題額曰三潭印月，潭上有亭，亭後九曲橋，橋畔有迎翠軒，精舍數楹，暑可少憩，軒側有關帝廟，及卍字亭，區區小築，頗稱精雅，亭後有退省

菴，清彭玉麐釣遊之所，內有樓，額曰一寄，今改浙江
先賢祠，其後題額曰小瀛州，夏時池荷盛開，清氣撲
人，橋上閒行，渾忘酷暑，誠消夏勝景也。

三潭印月

汪莊

　　汪莊在夕照山下，與夕照寺相近，係汪自新所
建，內有亭閣樓臺，假山石屋，雖煞費經營，惜無天然
坵壑，洵謂美中不足焉。

高莊

　　高莊即紅櫟山莊，在花港觀魚側爲邑人高雲麟別
業，前含山色，後挹湖光，烟月籐蘿，池台蒼翠，結搆
之精，爲各莊冠，尤春之竹，夏之荷，秋之菊，冬之
梅，令人探賞，更覺其味無窮矣，莊之左側，舊有員外
塚，元末時，左司員外郎張昱，字光弼，廬陵人，頗有
才學，尤工詩賦，迨明滅元，張遂棄官隱於此，嘗與人
曰，我死埋骨湖上，題曰詩人張員外墓足矣，歿後遂葬
於此，今墓已廢圮無遺，誠憾事也。

花港觀魚

花港觀魚

花港觀魚，在映波橋之南，爲宋內侍盧允升別墅，園已久圮，清聖祖時，建亭於花港之南，賜題額曰花港觀魚，旁濬方池，清可鑑底，鱗萃畢陳，或潛深淵，或眺清波，以泳以遊，咸若其性，亭後有高軒，環以曲廊，疊石爲山，栽花作徑，洵湖南絕勝處也。

劉莊

劉莊即水竹居，香山劉學詢建，樓臺亭榭，假山樹木，點綴頗具精工，中有藏書處，題額曰望山樓，花木叢叢，尤爲絕景，惜被政府幾次沒收，而今大不如昔之壯麗矣。

蕉石鳴琴

蕉石鳴琴

　　蕉石鳴琴在丁家山之側，山上爲八角亭，亭外懸崖數仞，護以石欄，更進爲舫室數楹，舫前奇石林立，狀類芭蕉，題曰蕉石山房，石根天然，一池水從石罅出，潺潺作聲，南有石壁丈許，前有一石卓立，障如屏風，因稱蕉屏，屏內，置有石床石几，有時携蕉尾琴，作梅花三弄，古音疏越，響入秋雲，高山流水，輒於此間得之，以是蕉石鳴琴，亦爲湖上勝景之一。

郭莊

　　郭莊即汾陽別墅，與茅家埠相毗連，舊時邑人宋端甫之端友別墅，俗名宋莊，今屬汾陽郭氏，蠣牆虹棟，水榭風廊，更有石琢船室，怪巧玲瓏，所謂點綴精工矣。

臥龍橋

　　臥龍橋在郭莊之側，地近龍潭，深黝莫測，有時祥光浮水面，或隱或現，蓋神佛之所窟宅也。

岳王坟

岳王坟

　　岳王坟在棲霞之陽，有廟祀宋岳飛，廟貌宏麗，
爲湖上祠宇冠，四壁多嵌飛所書字，及高宗手詔，洵可
寶也，廟旁爲飛墓，子雲附，其墓木皆南向，正中一
柏，號精忠柏，相傳變石毀，今建一亭，保其殘幹數
段，墓門外有橋跨小池，有井，曰忠泉，牆壁石刻盡忠
報國四字，墓門內，明指揮李隆，鑄銅爲秦檜王氏万俟
卨像，反接跪露墓前，後有范淶，復增以張俊像，今皆
易爲鐵像矣，廟前舊有石坊，題曰碧血丹心，祠宇屢修
屢坍，去夏滬杭巨紳，已募資修葺，現已告竣，又增一
番新氣象也。

鳳林寺

　　鳳林寺在岳坟之側，棲霞之陽，俗稱喜鵲寺，唐
刺史裴常棣創建，時有僧道林至此，見長松蟠屈如蓋，
遂棲止之，復有野鵲巢其側，人咸稱爲鳥巢和尚，太守
白居易至此問曰，禪師住處甚險，鳥巢和尚曰，太守危
險尤甚，白曰，弟子位鎮山河，何險之有，鳥巢和尚

曰，薪火相交，識性不停，得非險乎，白又問，如何是
佛法大意，鳥巢和尚曰，諸惡莫作，眾善奉行，寺前古
木參天，綠樹生陰，夏日息足，渾忘酷暑，西有陶楊沈
三列士墓，即陶成章，楊哲商，沈由智，亦清末之倡導
革命者，東有清鄭貞女墓，女名淑常，清副將鄭尊友之
女，湖南湘鄉人，習書史，工詞翰，字喻某，未出閣而
喻夭，女聞耗哭泣，誓奉親以終，遠近聞其才貌，求婚
者踵至，父將擇婿，女成絕命詩十餘首，自經死，後葬
於此。

鳳林寺

秋社

　　秋社即鑑湖女俠祠，祀女秋瑾，女曾留學東瀛，
工文善騎，存革命志，在紹興曾辦大通學堂，暗培革命
人才，於前清末葉，因徐錫麟案牽涉，被捕，獲案之
後，紹興知府取筆硯叫他畫供，他就寫一個秋字，知府

又逼寫，他就秋字後，續成秋風秋雨愁煞人一句詩，別
無口供，紹興知府就把他在城內軒亭地方斬首，社旁有
秋瑾坟，前葬湖南，後移於此，今骨已他遷，惟風雨亭
尚在，因紀念秋風秋雨愁煞人之句。

風雨亭　　　　　　武松墓

武松墓

　　武松，初爲江湖賣藝者，非盜也，貌甚魁偉，使
技於湧金門畔，適知州高權過其處，見武技藝頗熟，招
之入署，授爲都頭，漸以功擢升提轄，後高被參去職，
武亦去官，卜居武林，未幾，蔡京之子蔡鋆繼任，藉父
勢，虐政殃民，怨聲載道，上聞不敢言，武松聞之怒，
攘臂俟諸途，伺鋆過，突自輿中拖出，擊斃之，時以衆
寡不敵，卒被捕，死獄中，市民咸感其德，葬於西冷橋
畔，題曰宋義士武松墓，水滸傳中以武松爲盜，誤也，
自宋迄今，墓早廢圮，遺留一堆黃土，幸賴滬上名人，

張嘯林，黃金榮，杜月笙等，捐資修葺，石坊碑亭，煥然一新，而義士之功績於民，亦可名留千古矣。

蘇小小墓

蘇小小墓

蘇小小墓，在西冷橋側，蘇爲錢塘名妓，南齊時人，才能高妙，詩名傳聞遐邇，當時一般儒流，都替他做詩揚名，誰知紅顏未老，玉骨先埋，時人因他生前頗有俠氣，常能周急濟貧，故就在西冷橋畔造墓，墓上建有四角亭，以資永遠紀念，舊有古樂府錢塘蘇小小歌，所謂（何處結同心，西陵松柏下）者是也，東爲清末松風上人之塔，松風上人，本白衣寺高僧，爲佛教會發起興辦佛學而捨身者，立塔以作紀念，墓側有西冷橋，又名西陵，或曰西村，昔趙孟堅客武林時，值菖蒲節，周公謹邀遊西陵，薄暮至此，艤舟茂林間，指林麓最幽處，歎曰，此董北苑得意筆也，橋後損壞，民國三年重修。

西泠印社

西泠印社

　　西泠印社，在孤山之西端，祀清印人丁敬身，號
龍泓山人，又字鈍丁，仁和人，然家貧甚，二親皆年
高，日買米以供甘旨，往往杖策，懷乾粮，獨遊空山，
經過一古寺一荒塋，即婆娑其間，少有所得，若載七寶
裝以歸，著有西湖金石文字錄，工篆隸，精刻印章，集
古今大成，開宗浙派，後人丁上左，丁仁，吳隱，葉
銘，王壽祺等，創立有仰賢亭，嵌丁敬身像，又有山川
雨露圖書室，寶印山房，印泉，文泉，小盤谷，斯文
奧，題襟館，四照閣，觀樂樓，還樸精廬諸勝，循山徑
上，陀陀高下，竹徑，藥闌，茅茨，土階，頗饒興趣。

中山公園

中山公園

中山公園，清行宮改建，亭欄屈曲，花木參差，於此登眺，全湖在望，中有浙軍凱旋紀念碑，前立一座牌樓，題曰光華復旦四字，園右有浙江圖書館，清光緒時，城內藏書樓之書，半分於此，園左有文瀾閣，由浙撫譚鍾麟創建，閣前花木繁盛，假山嶙峋，石橋石洞，結構殊佳，旁有一石，名曰縐雲石，錦繡成紋，頗饒興趣，閣內舊藏四庫全書，迨洪楊遭燹，書多散失，經邑人丁竹舟丁松生昆仲，不避艱險，竭力搜訪，十得八九，東南文獻，賴此不泯，若丁氏者，厥功亦偉矣。

平湖秋月

平湖秋月

平湖秋月，在孤山東畔，宋時名龍王堂，在蘇堤三橋之南，明季時移此，據全湖之勝，後圮，清聖祖重建亭於舊址，題額曰平湖秋月，前為石臺，三面臨水，旁搆水軒，曲欄畫檻，湖際秋而益澄，月至秋而逾潔，每當清秋氣爽，皓月中天，千頃一碧，恍如置身玉宇瓊樓，不復知為人間世矣，亭北有蓮池菴，舊為嘉澤龍王

廟，後毀，雍正五年，李衞改建蓮池菴，仍祀嘉澤龍
王，而復故蹟，亭背有陸宣公祠，祀唐忠宣公陸贄，明
嘉靖間，少保陸炳創建，清雍正九年，總督李衞重修，
改建坊表，題曰湖山增勝，亭之西有勾留處，即吟香別
業，白居易臨去時吟詩云（未能拋得杭州去，一半勾留
是此湖），因名之，亭之西側有蘇文忠公祠，祀宋蘇
軾，祠旁有廣化寺，舊名孤山寺，宋時重建，中有六一
泉，蘇軾所題，以紀念歐陽修者，修自稱六一居士，故
名之，孤山，相傳有閑泉，僕夫泉，金沙井，學士溝
等，今無可蹤跡矣，亭之背有聖因寺，舊爲四大叢林之
一，羣山環拱，萬井棊連，覽全湖之勝，清聖祖南巡，
曾駐驆於此，屢經兵災，園亭大半廢圮，後疊次修葺，
稍復舊觀，今改爲浙軍昭忠祠，追憶疇昔，能不遺憾。

放鶴亭

放鶴亭

　　放鶴亭，在孤山之北，宋和靖處士林逋故廬也，
相傳林處士蓄二鶴，每泛舟湖中，客至，童子縱鶴飛
報，處士見鶴即歸，故名之，元至元間，儒學提舉余

謙，修葺林處士之墓，旁植梅花數百本，構梅亭於其下，郡人陳子安，以林處士妻梅子鶴，不可偏舉，乃購一鶴，放之孤山，重修放鶴亭以配之，後並廢，明嘉靖間，錢塘令王鈇重建，清聖祖南巡，賜題額曰放鶴亭，並書舞鶴賦一幅，勒石亭中，亭後有巢居閣，宋林處士隱孤山時所構，當時種梅豢鶴，二十年足不及城市，宋真宗賜以粟帛，既歿，賜諡和靖先生，遊人至孤山，常立巢居閣大呼，輒有迴響，即所謂空谷傳聲是也，亭後有林處士墓，林典史墓，馮小青墓，亭側有竺烈士墓，三烈士墓，竺名紹康，嵊縣人，三烈士者，徐錫麟，陳伯平，馬子畦，皆清季倡導革命者。

玉佛招賢寺

　　玉佛招賢寺，在葛嶺山下，與孤山相對，唐時郡人吳元卿創建，棄官參禪，唸佛誦輕，五代時著名叢林，元末燬，清初重建，殿上供奉一尊玉佛，光潔瑩淨，纖塵不染，請末甲午年，前住持僧了一，與振機禪師向緬甸請來，故又名玉佛寺，寺前有孤雲草舍，係吳興劉梯雲之別業。

瑪瑙寺

　　瑪瑙寺，在寶石山下，宋紹興間，由孤山徙此，寺前有多子塔院，寺左有智果寺，寺內有參寥泉，相傳宋僧道潛，別號參寥子，能詩，蘇軾於黃州時，夢與賦詩，有寒食清明都過了，石泉槐火一時新之句，後七年，蘇軾出守杭州，參寥子仍居智果寺，軾於清明翌日

訪之，汲泉鑽火，烹黃檗茶，忽悟所夢，作應夢記，舊
在孤山，後移此，寺前有抱青別墅，係南潯邢氏所築，
東有堅抱別墅，係吳興劉錦藻所建。

大佛寺

　　大佛寺，在寶石山麓，中供大石佛，大佛半個石
身子，却有一丈多高，從地湧出，三面環擁山壁，面對
寺門，兩邊山壁石洞內，有雕刻小佛，遠望大佛，似在
開口而笑，相傳香客拜佛，拿一枚銅元，向佛口丟進
去，今年定好運氣，寺內有沁雪泉，深廣約二尺，大旱
不枯。

斷橋

　　又名段家橋，十景中之斷橋殘雪，即此是也，今
已改建矣。

南山路　（各地勝蹟之說明）

永明塔院

　　舊名法華臺，在南屏山慧日峯下，林藪綿濛，崖
壁相望，相傳永明和尚，於此誦法華經，明萬歷間，司
禮孫隆築亭，以識舊蹟，後圮，今已改建，佛殿莊嚴，
不亞於三竺矣。

淨慈寺

淨慈寺

在慧日峯之麓，周時吳越王錢宏俶創建，曰慧日
永明院，宋時改爲肅寧禪院，又改爲淨慈報恩光孝禪
寺，屢燬屢建，清聖祖南巡至此，賜題額曰淨慈寺，大
殿東西墀有雙井，宋僧法熏以杖叩地出泉，寺西有圓照
井，香積廚，神運井，相傳建寺時，苦無木材，僧濟顚
祈天禱之，木自井中，層出不窮，適足建寺之用，寺成
乃止，今遺一木，尚在井中，任人觀覽，寺後有蓮花
洞，石佛洞，山頂有羅漢洞，中有十六羅漢，鏤於壁
間，今則叢石蓊薈，了不可辨，寺背復有歡喜岩，兩石
離立相對，若老翁邂逅狀，其一巨首，如戴笠，頷下鏤
小佛像三，眉睫剝落，崖上題名，今已模糊難辨矣，寺
側有萬峯山，雨花臺，琴臺丹崖，摩崖石經，小有天
園，園內有幽居洞，寺前有萬工池，宋建炎時，寺履燬
於火，熙甯時，有善青烏術者云，須於寺前鑿池禳之，
寺僧寶池募化開工，興工作者萬人，故名，池畔有亭，
中立南屏晚鐘碑，寺之壯麗，與雲林寺埒，蘇軾有詩云
（臥聞禪老入南山，淨掃松風五百間），寓意以寺之宏

敞也，後燬於兵，嗣雖屢經修葺，終不如前之萬一也。

南屏晚鐘

　　南屏晚鐘，在淨慈之右，萬工池之畔，夜氣方清，天籟俱寂，鐘聲乍起，山谷響應，足以發人深省也，清聖祖御賜題曰，南屏晚鐘，亦湖上勝景之一。

南屏晚鐘

九曜山

　　九曜山興赤山聯屬，在南屏山之西，舊有九曜星君殿，今圮，山雖大而勝蹟殊少，山之東有仙人洞，山麓有明遺臣張煌言祠墓，世稱蒼水先生，其墓碑爲清全祖望撰文，梁同書書字，西南即太子灣，宋時莊文，景獻二邸攢園，故名之。

高麗寺

　　高麗寺，舊名惠因院，又名法雲寺，吳越時建，宋元豐間，高麗王子入貢，因從僧淨源學佛，旣歸，以金書華嚴經三百部，及建築藏經閣之資，附貢船，捨於

寺，因名，清高宗二十二年，賜題額曰高麗寺，寺西有
筲箕灣，灣有筲箕泉，其泉流出，合於惠因澗，元時黃
大癡卜居於此，寺之側有惠因澗，秦少游遊龍井時詩
云，濯足惠因澗之句，即此是也，寺左側有鐵窗櫺洞，
舊傳洞口高數尺，有蛟龍出入，人畏焉，鑄鐵窗櫺嵌於
石槽以拒之，水自窗櫺出，折入西湖，大旱不涸。

法相寺

法相寺

法相寺在南高峯之麓，僧法眞遺蛻在焉，法眞耳
長九寸，人故稱長耳和尚，又稱定光禪師，崇甯三年，
賜號慈慧大師，圓寂時，僧人以其明心見性，便成眞
果，故將遺蛻供之，相傳婦人進香於寺，輒摩其頂腹，
定得宜男，故邇來香火甚旺，寺右爲定光庵，庵旁有
泉，飛灑如珠，曰錫杖泉，其流如綫，清冽可愛。

六通禪寺

六通寺

　　在定光庵之北，吳越王創建，寺之北有華嚴菴，泉水一池，甃作半月形，深廣約五六丈，寺前有聽泉亭，泉從石罅出，匯爲深池，清高宗御題曰聽泉亭，寺後一里許有旌功祠，祀明少保忠肅公子謙，公遭誣死，其子冕，奉喪歸葬於此，後奉勒建祠，祠前有兪曲園墓，近寺旁有聖壽亭。

石屋洞

石屋洞

　　衍迤二丈六尺，狀如軒榭，可布几筵，洞內舊鐫小羅漢五百十六尊，洞底有泉，其盡處，形如螺，題曰滄海浮螺，洞後有乾坤洞，僅可容一人，相傳宋高宗嘗至此趺坐，洞後又有蝙蝠洞，內多蝙蝠，故名，宋建炎間，里人避兵於中，洞內可容數百人，洞前有石屋寺，亦名大仁寺，吳越王建，嗣以屢興屢廢，興敗無稽，迨清咸豐時，洪楊之役，廢圮無遺，後有僧人募化重建，寺內供有彌勒佛一尊，計重六百斤，相傳宋時所鑄，未知是乎否乎。

南高峯

南高峯

　　與北高峯相對峙，高一千六百丈，覽之江若帶，瞰平湖如杯，山椒有巨石，名先照壇，日月始升，必先見之，其嶺有最上菴，菴側有鉢盂潭，白龍洞，峯下有劉公泉，峯南山半，有天地洞，石笋躍起，架盧壁立，有穴蓄水，大旱不涸，右側有千人洞，洞口僅六七尺許，漸進漸廣，可容十人，相傳洪楊之役，里人多避於

此，峯上有穎川泉，法華泉，其北麓，有白天窩樓，樓
西爲流觀臺，臺下洞壑窈窕，得平壤數弓，築堂三楹，
爲留餘山居，清高宗南巡，御題此額，峯側有獅子崖，
觀音崖諸勝，峯頂有石坊一座，題曰南高覽勝。

烟霞洞

烟霞洞

在南高峯下，境至幽邃，曲折深杳，散紫連雲，
取形惟肖，歐陽修詩云（洞門常自起煙霞），即爲此
也，晉開運元年，有僧彌洪，結菴洞口，發見此勝，時
洞中已有羅漢石像六尊，吳越王補鐫十二尊，以符十八
應數，後人又有補鐫大佛彌勒觀音諸像，洞壁多名人題
刻，字體頗工，舊與石屋齊名，人稱南山二洞府，今惟
烟霞著稱，旁有二岩，一曰落石，一曰象鼻，洞前以石
作門，上刻仙岩二字，入門有石龕，舊鐫財神像，後經
丁立誠，改鑿東坡像，題曰蘇龕，洞前有清修寺，舊名
煙霞寺，經洪楊之役，日就荒蕪，清閩僧學信，募資修
葺，沿路植梅，因高就下，鑿山開道，於是迥異舊觀
矣，洞上有呼嵩閣，清杭州織造彬格建，近俯諸山，遠

吸江海，洵爲福地洞天，左側上有臥獅亭，再折而上，有吸江亭，洞上石壁對立，高廣各數丈，名曰聯峯，有董思白，陳眉公，李長蘅等留題，峯旁有佛手岩，岩石秀麗，勢將倒垂，石筍五枝，宛若指然，寺前有樹坊一座，顏曰烟霞古洞，寺內陳設精雅，點綴極工，舊時遊人至此，苦無齋供，近則多所興築，勝蹟復顯，又以素肴清潔，不亞於湖上各大叢林之聲譽也。

水樂洞

水樂洞

　　在煙霞嶺下，宋代以前，其名最著，日久淤塞，由賈似道重行修葺，嗣後屢興屢廢，成坍無稽，時於近年來次第規復，洞內出泉，其勢頗急，左發右瀉，抵觸石齒，激成飛沫，狀幻洵若雲霧，琮琤之聲，清響如奏百樂，其泉色冽味甘，可與龍井埒，洞口有隸書清響二字，至神至妙，洞中黑暗如夜，遊者倚諸僧人導之以燈，中有一石，其形如磬，以木叩之，若鳴大鼓，故名石鼓，洞前有水樂寺（舊名點石菴），內有缸，初嵌於石，時久與石相併，名曰萬年缸，亦是湖上勝蹟之一。

理安寺

理安寺

在理安山之麓，舊名法雨寺，宋理宗時，以祝國泰民安，改爲理安，明弘治四年，山洪暴發，寺圮，萬曆間重建，清康熙時，僧多產薄，齋粮不支，住持僧超轍，竟餒而卒，聖祖聞之，乃發帑購寺山千畝，齋田二百餘畝，命僧性音住持之，並賜御題額曰理安寺，及石磬正音二額，又賜佛像及巨鐘，暨十寶供器，皆內府置造，門外有經塔一座，係吳興周夢坡所建，寺內有禪堂法雨岩，下有法雨泉，岩宛轉覆，頗若洞室，泉從岩下滴瀝，灑空成雨，匯爲清池，可鑑毛髮，寺後崖上有松巔閣，據全寺之勝，昔人曾有詩云，何當老我松巔閣，煮水蒸藜過此生之句，寺東北峯之最高者，曰大人峯，左曰迴象峯，右曰獅子峯，大人峯極頂爲先照壇，再東爲且住崖，東南爲螺髻峯，南爲八角亭，諸峯以迴象峯爲最勝趣也。

九溪十八澗

九溪十八澗，在烟霞嶺西南，發源處爲楊梅塢，

西南流青青灣，宏法塢，豬頭塢，方家塢，佛石塢，雲
棲塢，百丈塢，唐家塢，小康塢，幷九塢之水，以通徐
村，流出之江，北達龍井，穿林繞麓，細澗無數，約舉
之，爲十八數，故有九溪十八澗之稱，四山高聳，流水
涓涓，竹木掩映，境至幽邃，洵所謂林壑深沉之燦爛悅
目也。

龍井

龍井

　　本名龍泓，其源流自深山亂石中出，與幽花野
草，延緣山磴間，昔人嘗甃小圓池，下爲方池以承之，
泉甘且列，石亦秀潤，相傳嘗有紫沫浮泉上，累日始
散，識者曰，此龍涎也，故名，更上嶺背，則崖壑林
樾，蒼老異常，湖山竟爲所蔽，上有龍井寺，清乾隆
間，重行修葺，堂軒泉石，煥然一新，賜御題前堂額
曰，篁嶺卷阿，後堂額曰，清虛靜泰，又題過溪亭，滌
心沼，一片雲，風篁嶺，方圓菴，龍泓澗，神運石，翠
峯閣，八額，爲稱龍井八景，寺側有鉢泉，對澗爲八角
亭，可坐觀瀑，自龍泓涉磴南上，地多蒼莨篠蕩，風韻

淒清，夾岸修篁怪石，淡蕩蕭爽，林壑深沉，迥出塵
表，泉聲潺潺，四時不絕，越風篁嶺，為暉落塢，俗呼
老龍井，舊寺去井里餘，明正德間，中官李德，移寺建
於井旁，即以井名寺，幅員盈丈，深不可測，相傳有龍
居之，祈禱必雨，清高宗賜題額曰，不著一相，寺側一
泉，泯泯叢薄間，寒碧異常，名曰冲泉，其地產茶葉，
遠近珍之，呼曰龍井，有雨前明前之別。

南天竺

　　南天竺在陸家灣，舊名演福寺，隋開皇十五年，
僧真觀創建，嗣後屢興屢廢，迨宋淳佑八年重行改建，
理宗御賜額曰，崇恩演福禪寺，元時僧蒙潤重行修葺，
明末兵燹，遂成荒墟，嗣於民國五年，僧法輪募化重
建，巍峨古刹，美奐美輪，遂為湖上一大梵宮也。

江干路（各地勝跡之說明）

六和塔

六和塔

　　在月輪山頂，宋開寶三年，智覺禪師，於錢氏南果園，開山建塔，凡九級，高五十餘丈，內藏舍利，砌有磴道，拾級可登，環壁刊經及佛像，以爲作鎮山川之助，後圮，紹興十二年重建，元明以來，屢燬屢修，清雍正間，發帑重建，乾隆十六年，高宗南巡幸此，御賜製塔記，又於塔之七層，各賜御書匾額，一曰，初地堅固，二曰，二諦俱融，三曰，三明淨域，四曰，四天寶網，五曰，五雲扶蓋，六曰，六鰲負載，七曰，七寶莊嚴，塔旁爲開化寺，卽六和塔院，舊名壽寧院，或稱月輪寺，又曰六和寺，宋僧延壽創建，後燬，僧智曇重建，改名開化教寺，歲久復圮，清雍正時重建，乾隆十六年，高宗御賜書額，題曰淨宇江天，寺內有金魚池，秀江亭，砂井山諸勝，迤北有駕濤仙館，邑人王錫榮別業，瀕江爲屋，西式建制，遊人往來於其地者，均可駐足，西側有之江大學，係美人所辦，創於清道光二十五年，前在甯波，後遷至杭州，建築校舍，更事擴充，增設大學科程，地臨之江，左挾六和，背山面水，風景清幽，校內園地，遍植花木，鐵路汽車，交通便利，人過此者，無不讚謂絕妙勝境也。

雲棲寺

雲棲寺

　　在雲棲塢，寺爲吳越王建，本名雲棲，後改棲眞院，明季，山洪暴發，院宇一空，有僧袾宏，字佛慧，結茅默坐，懸鐺煮糜，日僅一食，胸掛鐵牌，題曰，鐵若開花，方與人說，久之，人咸知僧有異行，檀越力爲拓新蘭若，恢復雲棲舊名，時環山多虎，僧諷經施食，虎遂遠徙，值歲大旱，僧手擊木魚，循田念佛，雨隨足蹟而注，世號蓮池大師，清聖祖南巡，御賜題雲棲及松雲閣二額，後高宗御賜題曰香門淨土，悅性亭，修篁深處，三額，繼又題西方極樂世界安養道場額，寺前大竹一竿，聖祖賜名皇竹，因建亭焉，名曰皇竹亭，內有大悲閣，爲僧宏憙所建，其徒源智踵而成之，寺內藏有董其昌眞跡金剛經全部，舊時僧於寺旁園內，掘出方印一顆，字體模糊難辨，色紫，其質非銅非鐵，識者曰，此金質也，兩件珍品，於湖上各叢林所未睹焉，寺前石徑幽蔽，夾道翠筠，居此可滌煩暑，消夏之勝境，莫過於是，寺後爲迴耀峯，東爲壁觀峯，峯下有靑龍泉，勺石

泉而試茶，頗似玉酒甘漿，洵可保性延年也。

五雲山

　　五雲山，天門山之支也，五峯森列，林壑蔚起，自江干盤紆自上，凡六里七十二灣，石磴千餘級，頂有平崗，之江三折，正當其前，相傳舊有五色瑞雲，盤旋山頂，故名，山上有眞際院，吳越將凌超創建。

虎跑泉

虎跑泉

　　在大慈山虎跑寺內，色清而甘，雖與龍井玉泉齊名，而實爲諸泉冠，清聖祖南巡，御題詩有云，似恐有人頻汲取，一泓清逈出山阿之句，鑿井三，上覆亭廡，均可出泉，其水之成分特厚，遊人至此，往往作奇玩，其法取碗一，盛水與碗口平，碗之外面，拭之乾燥，再以銅元逐一輕輕投入，積至五六十枚，水尚未見溢出碗外，祗見碗口上水面，穹突弧形，與普通水頗異，誠奇觀也。

虎跑寺

虎跑寺

　　即大慈定慧寺，唐僧欽山創建，名曰資度寺，繼
改大慈定慧寺，時僧寰中居此，苦於乏水，忽夢神告
曰，南嶽有童子泉，當遣二虎移來，師無憂也，翌日，
果見二虎，跑地作穴，泉遂湧出，因名虎跑寺，寺內有
滴翠軒，芳翠盈袖，幽景絕勝，寺右有濟祖塔院，祈禱
頗稱靈驗，寺東有屏風山，形似屏障，翠靄湢人，寺南
有白鶴峯，兩翅軒翥，其形似鶴，再南爲樵歌嶺，嶺上
有崇先襲慶寺，又曰眞珠寺，因內有眞珠泉，周顯德
間，泉自地迸出，寺僧甃爲方池，聞剝啄聲，則泉益
湧，纍纍如貫珠，因名之。

福星觀

玉皇山

又名育王山，俗稱鍋子山，乃龍山之最高者，山勢嵯峨矗立，竹木深秀蒼蔚，山頂有福星觀，祀玉皇，舊稱玉皇宮，係六朝梁時所建，相傳吳越王郊天於此，山經盤旋，石壁尖聳，登此可覽江湖之勝，每當舊歷正月初九，係玉皇誕日，屆時各方男女來山進香者，人山人海，極爲擁擠，觀內有道衲數十人，主持者係李理山，號紫東，黃巾氅服，岸然道貌，頗得長生之訣，聞各地人士，來山皈依者不少，觀內有磬聲小院，燈影高房，翠竹欄干，頗具精緻，點綴可爲工耶，觀內右有還丹井相傳葛長庚，號瓊琯，又字白玉蟾，別號海瓊子，閩清人，得翠虛泥丸之道，喜飲酒，不見及醉，博洽儒書，精究玄理，善大字草書，視之宛若龍蛇飛舞，兼精篆隸，工蘭竹，詩尤清挺有仙氣，受上清籙行諸階法，所用雷印，常佩肘間，祈禳輒有異應，嘗遊西湖，至暮墮水，舟人驚尋不見，達旦，則坐水上，猶醺然也，續文獻通考，嘉定中，命主太乙官，一日不知所在，封紫清明道眞人，有上清武夷二集行世，還舟井，即白玉蟾

之故蹟也，內有蒼翠園林，異樣花木，鳥喧百族，花發
四方，佈置之雅，洵謂滴翠披雲矣，觀內左有天一池池
旁岩石聳翠，怪巧玲瓏，泉深約計六丈餘，水源不竭，
內畜各種金魚，令人賞閱，樂而忘返，時於民國丁卯，
夏管華之恭裕夫人，至山進香，見山上水源缺乏，慨捐
巨欵，建築此池，越三載，而工竣，名曰天一池，蓋取
天一生水之義也，池側有紫清亭，結搆殊佳，觀內有眞
武殿，斗姥閣，三清殿，三官殿，南天門，正殿前有鴛
鴦二池，形象日月，係清康熙時，總督李衞開鑿，觀外
多竹，高可蔽天，修篁怪石，風韻蕭疏，林壑深沉，燦
爛悅目，閒坐片時，令人心曠神怡，竹徑中有三岐路，
一通虎跑寺，閘口，六和塔，一通登雲觀，八卦田，一
通七星亭慈雲嶺，由南則江干，北經玉皇山路至湖濱新
市塲也。

還丹井

天一池

七星亭

七星亭

　　在玉皇山之東崗，由杭來山進香，或遊覽，必經之路，裝置極雅，點綴精工，兩旁設有石凳，以預進香或遊客休憩之用，上有一額曰七星亭，旁附一聯，詞句頗工，上聯云（七星虹，八卦田，紫來洞天，皆神工奇作），下對句云（東浙潮，西湖景，龍山勝景，極武林大觀），撰書均係該山住持道人李紫東佳作，亭旁按有七星缸，係清康熙間，總督李衞置造，曩時以省城多火患，形家謂此山離龍之祖，特按鐵缸七，按符北斗七星之象，缸之外，周鑄符籙祝辭，內儲以水，蓋取以坎制離之義也。

紫來洞

紫來洞

　　在七星亭之側，舊稱飛龍洞，又曰火龍洞，俗呼曰仙人洞，石壁中豁，窺之正黑，莫能測其深淺，入之則怪石嵯峨，心膽俱寒，好事者結伴進洞，電炬覘之，深難見底，令人毛髮皆悚，邇由住持道人李紫東，雇工開鑿，果巍然高尋丈之一大洞也，上透天光，宏敞無倫，洞分上下二層，面積約二畝許，洞內有紫東面壁處，石池，石床，石臺等勝，并有天然石成虎形，龍形，獅形，望之儼然若生，洞口有額曰紫來洞，係四明陳脩榆題字，洞前植以花木，兩旁建有亭臺，幽邃之勝，當為湖山諸洞之冠，洵非烟霞石屋樓霞紫雲所可及也，洞側有登雲觀，亦名登雲洞，深入百餘步，闊十餘丈，祀朱天君，香火頗盛，洞口有摩崖，其文云，梁龍德元年，歲次辛未，十一月壬午朔一日，天下都元帥，

吳越國王錢鏐置，共二十九字洞前有八卦田，中阜規元作八卦狀，俗稱九宮八卦田。

慈雲嶺

慈雲嶺

　　介於玉皇鳳凰二山間，自杭進香至玉皇山必徑之路，係六朝梁時所建，咸淳志，謂爲後唐所開，誤也，嶺旁石壁一方，有摩崖篆文，前有十八字，後增三十一字，其文云，梁單閼之歲，興建龍山，至涒灘之年，開慈雲嶺，便建西關城宇臺殿水閣，今勒真珉，用記年月，甲申歲四月十五日，吳越國王記，共四十九字，今石壁之前，亂石堆積，所鏤之字，不易探訪，寺麓有天龍寺，宋乾德三年，吳越王建，大中祥符元年，改名感業，建炎時兵燬，惟本觀音常存，相傳其像爲吳越王女刻也，有山舟，松風樓，叢桂閣，凝翠井諸勝，寺後有爲吳越王臺，崖壁間，有太平興國六年鐫般若心經，左峙一洞，刻繞雲齋三字，東壁刻天龍寺光明石六字。

頭山門

頭山門

　　慈雲嶺下之盡處為頭山門，歷來荒墟，於去秋登雲觀住持李理山，商同士紳陳效期募捐創建，兩旁置有石凳，進香及遊覽者，於此得可少憩，由頭山門經慈雲嶺七星亭至玉皇山登雲觀，約計六七里之路程，夾道徧栽松柏梧桐，中砌石級磴道，人行其間，蒼翠滿目，苦心籌劃，煞費經營，若李紫東者，可稱湖山知己者矣。

蓮花峯

　　蓮花峯，在慈雲嶺之側，平地突起之小峯，在玉泉山頂觀此，四面玲瓏，岩石重疊，宛如蓮花，故名，峯旁有華津洞，岩石觀深，石色秀異，洞內有十八尊羅漢，洞口有清泉，野花奇麗，雖夏月登臨，亦寒砭肌骨，消夏之良境，莫過於是，厥景之幽，較勝煙霞石屋，惜知者尠耳，峯北麓有接引洞，洞口怪礜盤立，屈曲有致，洞左岩石，間有細徑，緣徑而上，復有小洞，中供佛像，誠祈輒見靈驗。

西谿路　（各地勝蹟之說明）

松木場　彌陀寺

西谿在西湖北山之陰，由寶石山背陸行，繞秦亭山，經法華亭，至留下，沿山計程十八里，路平如砥，每年舊歷三月香市，嘉湖一帶，善男信女，來杭進香者，香船均聚集於松木場，登岸後，入南北山，均爲便利，松木場之側，有彌陀寺，巍巍高閣，佛像莊嚴，寺內有石經閣，樓建五楹，石壁上鐫有彌陀經全部，字體頗工。

虎墓

虎墓介在松木場與秦亭山之間，有一古塚，題曰虎墓，相傳宋高宗南渡時，侍隨十八將士，道經花塢口，見有白虎蹲於山麓，善射者矢援弓繳而射之，其虎中矢而逸，各將士尾後窮追，迨至塢盡，偶不見虎，祗露一片白雲，衆皆驚訝，蹀躞山阿，相顧錯愕，視此風物奇邃，由此臺閣之想淡焉，均祝髮爲僧，塢內結十八茅舍，最盡處爲白雲菴，即此意也，後虎卒於此，茲由十八僧人築塚葬之。

老和山

老和山在棲霞嶺之陰，又曰秦亭山，高百餘丈，周三里許，山上有聖帝廟，香火甚盛，相傳秦始皇曾駐驆於此，因名，或云，秦少游築亭其上因名，二說未知孰是。

老東嶽

老東嶽在法華山廟塢。廟貌巍峨。狀樵雄壯。宋乾道間創建。杭州城內外。東嶽廟凡五處。香火惟此最盛。

法華山

法華山在青芝塢北，有晉時法華僧靈蹟，因以山名，山中有兩塢，一爲廟塢，一爲花塢，並稱幽勝，山麓有法華寺，清泉匝地，密樹參天，即步近咫尺，難窺其丈室禪房，所謂深山藏古寺，於此可見不謬矣，寺內有法華泉，泉水清冽，宛如明鏡，清寂之幽，洵所謂靈山佛國。

龍駒塢

龍駒塢在龍駒山之麓，塢內多古刹，羣山聳翠，竹樹交柯，幽寂之勝，不亞靈鷲竺國，惜乎塢口厝棺累累，致使進香及遊覽者相率裹足矣。

花塢

花塢據諸峯之腹，負郭背湖，地極幽邃，雲木蔭翳，風竹蕭灑，相傳宋時十八武弁，由虎率引至此，見山水清邃，遂薙髮爲僧，塢內建十八僧舍，嗣由上人比丘，次第經營，至今蘭若，倍於往昔，塢中諸古刹，以眠雲室爲最幽勝。

秋雪菴

秋雪菴在西溪東蒹葭深處，原名資壽院，宋潼川節度使創建，水周四隅，秋時荻花如雪，明時陳眉公題曰秋雪，近吳興周夢坡，擴大範圍，重行改建，以祀浙中詞人，中有彈指樓，登樓四望，頗爲悅目。

交蘆菴

交蘆菴，在秋雪菴東，明萬歷時，僧如覺由龍駒徙此，董其昌題額曰交蘆，蓋取佛經義也，碧溪縈繞，幽秀菁深，天然趣也，菴內藏有名人書畫，余曾遊是菴，所藏墨寶，一覽無遺，內有鄭板橋王夢樓諸眞蹟，足稱珍品焉。

以上進香及遊覽者，按五日之順序，暨湖上之名勝古蹟，概行詳爲說明，今將杭州各寺院菴觀所有現狀地址，載明於下。

名稱	現狀	地址
靈隱雲林寺	大叢林	靈隱山
昭慶寺	大叢林	錢塘門外
淨慈寺	大叢林	南屏山
海潮寺	大叢林	望江門外
鳳林寺	大叢林	岳坟
法喜寺	香火地	上天竺
法淨寺	香火地	中天竺
法鏡寺	香火地	三天竺
福星觀	香火地	玉皇山
彌陀寺	修持淨業	松木塲
六通寺	修持淨業	南山法相巷
招賢寺	修持淨業	裏西湖
護國寺	修持淨業	松木塲白沙泉

名稱	現狀	地址
常寂光寺	修持淨業	城內四宜亭
白衣寺	修持淨業	城內王馬巷
地藏殿	修持淨業	裏西湖
梵天寺	修持淨業兼講教典	鳳山門外筥箒灣
海會寺	修持淨業兼講教典	城隍山
聖水寺	研習教典	紫陽山
廣化寺	風景地	孤山
瑪瑙寺	風景地	裏西湖
大慈定慧寺	風景地	虎跑
濟公塔院	風景地	虎跑
開化寺	風景地	六和塔
理安寺	風景地	南山
雲棲寺	風景地	梵村
烟霞洞	風景地	烟霞嶺
水樂洞	風景地	滿覺隴
石屋洞	風景地	石屋嶺
棲霞洞	風景地	棲霞嶺
紫雲洞	風景地	岳坟後山
香山洞	風景地	岳坟後山
黃龍洞	風景地	白沙泉
紫來洞	風景地	玉皇山
韜光菴	風景地	北高峯
中印菴	風景地	飛來峯法雲弄
葛仙菴	風景地	葛嶺
龍井寺	風景地	龍井
南天竺演福寺	風景地	鷄籠山
清漣寺	風景地	玉泉
靈峯寺	風景地	靈峯山
法相寺	風景地	法相
南高峯	風景地	南山
北高峯	風景地	北山
法華寺	風景地	西溪法華山
交蘆菴	風景地	西溪舟行
秋雪菴	風景地	西溪舟行

　　西湖古刹及風景，宛如行星，萬難搜採，無非約
署載之於前，茲將臨平與拱埠之間，有一半山，山上舊
有四大叢林，唐宋時來杭進香者，先經聚集於此，日久

漸衰，蘭若傾圯現由佛教會鍾康俟君，覓請高僧主持，
重行修葺，恢復舊觀，今將半山四大叢林，詳列於后。

佛日寺	大叢林	南半山
隆昌寺	大叢林	南半山
顯甯寺	大叢林	北半山
崇光寺	大叢林	北半山

佛光普照

雲棲法師戒殺文

　　世人食肉，相沿成慣，一時難以蠲免，乃恣意殺生，廣積冤債，余以為不可，謹錄雲棲法師戒殺文七條，開列於左。

一、生日不宜殺生，哀哀父母，生我劬勞，己身生誕之辰，乃我母垂亡之日也，是日，正宜戒殺持齋，廣行善事，庶使先亡考妣，早獲超昇，見在椿萱，增延福壽，切弗頓忘母難，而屠殺生靈。

二、生子不宜殺生，凡人無子則悲，有子則喜，可知一切生靈，也各愛其子，慶我子生，令他子死，於心不安，而嬰孩始生，應須代兒積稻，切弗殺生造業，而結冤債。

三、祭祖不宜殺生，先靈忌辰，及春秋祭掃，均當戒殺，以資冥福，殺生以祭，徒增冤業，雖八珍羅列於前，安能超昇先靈於九泉，非無益而有害，而智者決不為也。

四、婚禮不宜殺生，世間婚禮，自問名納采，以至成婚，屠殺生靈，不知凡幾，夫婚者，生人之始也，生之始，以行殺，理既逆矣，又婚禮，吉禮也，吉日而用凶事，不亦慘乎。

五、宴客不宜殺生，良辰美景，賢主佳賓，蔬食菜羹，不妨清致，何須殺害生命，窮貪舌味，笙歌饜飫於盃盤，宰割冤號於砧几，有人心者，能不悲哉。

六、祈禳不宜殺生，凡人有疾，殺生祀神，以祈福

佑，不思己之祀神，欲免死以求生，殺他命而延
我命，逆天悖理，莫甚於此，夫正直者為神，神
豈貪享而私乎。

七、營生不宜殺生，凡人為衣食計，或畋獵，或捕
魚，或屠宰牛羊豬犬等，以維生計，而不作此業
者，亦衣亦食，未必凍餒而死，殺生營生，實種
地獄之深因，受來生之惡報，何苦忍此，而不別
求生計。

跋

　　張君國維，予至友也，其人清雅善譚，其性勇毅
果敢，去秋由鄂返杭，避暑於西湖葛嶺抱朴廬，常以杭
州名勝甲天下，四方慕而來遊者，歲不乏人，而遊客來
去匆匆，對於某處有某種歷史，某景有某史因原，率皆
走馬看花，不識其詳，但聞其略，或憑舟子之指示，魚
目疑珠，或聆牧童之戲立，張冠李戴，張君爲進香及遊
子謀便利之圖，於是擔酒携拹，縱探清幽，博採旁搜，
獨饒逸興，跰一景，考其古跡，趨一勝，綴以詩謌，日
積月累，遂以成秩，乃習遊杭必携一書之着，今者是書
所印無多，分贈告罄，復由鍾君康侯，重商再版，又費
去長期改訂，擴大規範，使閱者信手翻來，覽無遺意，
予於是非特爲遊人香客慶，遂爲西子湖慶也。

　　　　　　中華民國二十三年四月剡溪錢彬謹跋

中國近代歷史城市指南

City Guidebooks of Modern China

Hangzhou Section

杭州篇

杭州導遊（1937）

杭州導游凡例

一、 本書原名「西子湖」，於民國十八年出版，不及
　　一載，卽已銷罄，今年應各界要求，增訂再版。
　　本社原有各地導游叢書，陸續出版者，已有多
　　種，茲爲統一名稱起見，將「西子湖」改爲「杭
　　州導游」。

二、 關於西湖指南等書，坊間所售，種類甚繁，惟泰
　　半偏於文藝，切於實用者，殊不多見。本社旣以
　　服務行旅爲職志，故於出書之前，遴派專員，赴
　　杭實地調查，就「西子湖」中所缺者，一一編入；
　　而游程，交通，食宿娛樂三項，尤特別注意，務
　　使游者獲此一編，披覽印證，有賓至如歸之樂。

三、 比年以來，浙省公路進展，路網密佈，四通八
　　達，好游之士，每於飽覽湖山勝景之餘更連袂他
　　往，於是杭州四郊諸勝，亦莫不有游客踪跡。本
　　書乃將浙省公路所及之地，列爲一表，名勝古
　　跡，悉註每一路線之下，極便查閱。

四、 本書計分八章：一概說，二區域，三山水，四名
　　勝，五游程，六交通，七食宿娛樂，八名產。至
　　關於杭地之機關地址，游客到杭，儘可查詢，因
　　與導游無關，故未列入，以節篇幅。

五、 杭地市政，日有進步，公私建築，近益增新，本
　　書倉卒行世，遺漏錯訛，在所難免。讀者如能指
　　其訾謬，賜函訂正，最所感幸！

中華民國廿六年三月編者謹識

杭州導遊

中國旅行社旅行叢書

增訂再版

杭州導游（原名西子湖）

中華民國廿六年三月出版

編輯者　趙君豪

上海：中國旅行社

杭州導游目次

杭州市街圖

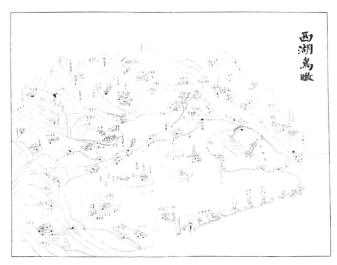

西湖鳥瞰

第一章　概說

　　杭州以西湖著稱，聞名邇邇。自改市治以來，經當局經營擘劃，益見繁榮；人烟稠密，市容煥發，駸駸成爲東南唯一大都市矣。其地因有湖山爲點綴，歷代以來，旖旎風光，久擅勝場。今以市區建設邁進各種設備，力求現代化，於是秀麗西湖，益顯其壯麗之姿態矣。

　　杭州在歷史上之地位，以吳越武肅王錢鏐，及南宋高宗之建都，益爲史家所重視。其名稱之變易，則代有不同。追溯既往，當如左紀：

夏 —— 考之禹貢，杭州屬於揚州之域。故最初稱爲禹杭及餘杭。

周 —— 春秋時，越之領土包括杭州在內。越王勾踐以會稽爲都，乃杭州之鄰區也。戰國時屬楚。

秦 —— 以杭州建縣治，名爲錢唐。亦有稱泉唐者。

漢 —— 西漢循秦制稱錢唐縣，後漢廢縣治，歸併入餘杭。

唐 —— 唐以唐爲國號，改唐爲塘故稱錢塘。五代梁置爲仁和縣。

宋 —— 自高宗南渡，建爲國都，稱臨安府。

元 —— 改爲杭州路。

明 —— 稱杭州府。

清 —— 沿明制，定杭州爲浙江省會，稱杭州府。以仁

　　　　和錢塘二縣，及富陽，新豐，餘杭，臨安，於
　　　　潛，昌化，海甯諸縣屬之。
民國 —— 廢府，併仁錢二縣改稱杭縣，仍爲省治。
　　　　十五年夏改稱杭州市。

　　五代吳越王錢鏐，對於古代之杭州建設，爲功殊
鉅。其最著者厥爲修築海塘，堤長百里，堵障錢塘江
水，俾海潮無浸蝕土地之虞。從此杭州之土地，得以日
益向江岸拓展；而另一方面則使瀉滷之地，盡變爲膏腴
之田。故錢鏐之於杭州民生建設，至今爲人所稱道也。

　　宋室南渡，以杭州建爲國都，踵事增華，益見鼎
盛。其時大興土木，宮室寺廟建築宏偉，繁盛達於極
點。西湖景色，至此乃益見華麗。

　　自元，明以迄清季，杭州仍保持其固有之繁華，
西湖佳勝，視爲人間樂園，譽滿中外。清以杭州定爲浙
江省會，稱杭州府，更爲江南政治中心之一焉。

　　民國後，廢杭州府，改稱爲杭縣，並以仁和錢塘
二縣一併劃入，仍爲浙江省治。十六年國軍底定浙江
後，於五月間改爲杭州市擴大組織，努力建設，市政乃
日臻發達。

第二章　區域

　　杭州負山擁湖，左瀕錢江，形勢天成，彷彿作馬蹄形。其四至境界：東隔江爲蕭山。東北沿江以迄海甯。西北運河直通德清。西達餘杭。北界崇德。南接富陽。以上各路，均有舟車可通，交通至稱便利。

　　杭城周圍三十六里，作不整齊之長方形，南北廣而東南狹縮。舊有城門十，在東者爲候潮、望江、清泰、及慶春。其中望江門舊稱新門，一名永昌；清泰舊稱東新門，俗稱荐橋或螺螄門；慶春舊名東青門，俗稱菜市門——城東係農野菜畦如雲，乃有是稱，——又稱太平門，在西者爲清波、湧金、錢塘、武林四門。湧金舊名豐豫門，與清錢武三門均已廢。南爲鳳山門，舊名正陽。北艮山門俗稱壩子門，均廢。除陸城門外，又有水城門四，溝通運河及西湖之水道。

　　據「浙江通志」載：宋以前之錢塘故城有四：一、靈隱山麓。一、在錢塘門外，皆漢魏時治也。一、在錢塘門內，今爲教場地，唐縣治也。一、在紀家橋華嚴寺故址，宋縣治也。又「一統志」則謂靈隱山下，並無錢唐之跡，錢塘舊縣實止有三。今皆不存。「吳越備史」謂杭城凡七十里，門凡十，皆裹鐵葉，用以禦侮。今則時代變遷，城垣已不復有抗敵之作用矣。

　　自民元以還，逐漸將城西一帶城牆拆去，直至候潮門爲止。所有前之錢塘、湧金等門一帶，咸已闢爲新

市場。歷年來道路修築不遺餘力，氣象爲之一新；現僅餘東南一帶，尚有頹垣敗甊之殘跡耳。

新市場道路平坦，夏屋渠渠，爲近代化之新型市場。商店林立，食宿尤稱完備。每屆春秋佳日，遊湖人士，麕集於是。其中如延齡、仁和、迎紫、新民等路，均爲主要之馬路，其熱鬧情形不亞滬上也。

杭市自十九年後，依照市組織法分區原則，將全市劃分爲十三區，各區界域，大略如左：

（一）自鳳山門向東，沿舊城垣，經候潮望江，達清泰門一帶城垣以西；清泰門直街，經焦棋杆，薦橋大街，過新水漾橋，至三元坊折南以南；三元坊，保佑坊，太平坊，清河坊，出鼓樓，經水師前直街，察院前直街，太廟巷直街，倉直橋街，大學士牌樓，至鳳山門止以東一帶。

（二）自鳳山門頭起，經大學士牌樓，倉橋直街，接骨橋直街，太廟巷直街，察院前直街，水師前直街；進鼓樓，清河坊，太平坊，保佑坊，羊壩頭以西；羊壩頭，三橋址，鬧市口直街，湧金門直街，至湧金門頭止以南折向南城脚下，經南山路，至清波橋以東；再由清波門，沿舊城垣，至鳳山門以北一帶。

（三）自清泰門至慶春門一段舊城垣以西；慶春門直街，菜市橋直街，忠清大街，聯橋大街，和合橋街以南；折向衆安橋，弼教坊，里仁坊，官巷口，壽安坊，三元坊以東，新水漾橋，荐橋街，焦棋杆，清泰門直街以西一帶。

（四）三元坊，官巷口，里仁坊，弼教坊，衆安

橋以西；折向衆安橋河下，法院路，性存路，過小車橋，大車橋，教場路，至聖塘橋東河下以南；沿湖濱公園，經公衆運動場，澄廬，至湧金橋以東；再由湧金門外，經湧金門直街，鬧市口直街，三橋址，至羊壩頭巷以北一帶。

（五）自慶春門沿舊城垣向北至艮山門以西；再由艮山門沿舊城垣，至水星閣以南經田家橋，梅東高橋，烏龜尾橋大營前，大東門直街，福聖菴巷，忠清巷以東；菜市橋直街，忠清大街，慶春門直街以北一帶。

（六）忠清巷，福聖菴巷，大東門直街，大營前，由梅東高橋折北過田家橋，至水星閣後以西，沿舊城垣至武林門一段以南；由舊武林門沿砲台灣一帶河，至聖塘橋東河下以東；教場路，大車橋，小車橋，性存路，法院路，衆安橋河下，和合橋街，聯橋大街，忠清大街以北一帶。

（七）包括西湖全部，南自鳳山門外萬松嶺，鳳凰山，將台山，玉皇山，丁婆嶺，虎跑寺，貴人峯，螺螯峯以北，與第八區爲界；西至五雲山，獅子峯，白雲峯，石頭山，美人峯，北高峯，扇子山，砲台山，秦亭山，老和山，古蕩橋，與杭縣上泗區欽履區爲界；北沿餘杭塘，東自觀音橋沿拱三段汽車路，經砲台灣，聖塘路，湖濱路，西山路，至清波門，湖山勝跡，均備於此區。

（八）鳳山門候潮門以南，沿江干至閘口。

（九）望江門清泰門慶春門以東，沿捍海塘至已字號一帶沙地，南沿錢塘江邊至三郎廟附近一帶。

（十）慶春門艮山門外彭家埠，皋塘一帶，接杭縣喬司區皋亭區，東憑捍海塘，西連第十二區。

（十一）爲莧橋鎭，有滬杭甬鐵路，及杭平長途汽車路通過。東接杭縣喬司區，北連杭縣皋亭區，南毗第十區，中央航空學校設在此，並築有飛機場。

（十二）爲湖墅一帶，在武林門外北部，北接杭縣西鎭區及皋亭區，東連第十區，西毗第十三區第七區，滬杭甬鐵路，杭拱支綫經過。

（十三）爲拱宸橋一帶，又稱拱埠，西界杭縣調露區，北接杭縣西鎭區，東及南毗第十區，有滬杭甬鐵路支綫終點，拱三汽車路起點，溝通冀魯江浙四省之運河亦由此起點。

第三章　山水

　　杭城羣山，大抵可別爲四支：曰南山，曰北山，曰江濱，曰安溪西溪羣山是已。南北兩山之間，卽爲西湖，不與他聯，而其祖脈，實皆由仙霞，天目，蜿蜒而來者也。

（一）南山

　　南山崦嵫，蜿蜒入城。西上爲寶月（一名天井山），爲峨嵋，爲淺，爲七寶，爲金地等山，統曰吳山（俗名城隍山）。而竹園山爲金地之附，如駱駝，如紫坊嶺，如鐵冶嶺，則爲淺山之附。又如石佛，如瑞石（俗稱紫陽山），如寶蓮，如清平諸山，則又爲峨嵋之附支也。

　　城南爲鳳凰山，山有萬松嶺，在吳山之西，越城可三里許。其後爲慈雲嶺，南下爲包家山，玉池山，西爲桃花嶺，東爲筆架山，育王山（俗稱鍋子山玉皇山），離城六七里。前有天花山，旁有九曜山（俗稱安家堂）。九曜之支東行曰南屏山，有太子灣。南行曰方家峪。折而北，溯湖濱西上，曰雷峯。其塔於甲子年傾圮。西行曰丁婆嶺，婁家山，大慈山，妙因山，樵歌嶺（俗稱五子嶺），龍山，白塔嶺。

　　九曜山北五里許，爲南高峯，與北高峯對峙。其後爲翁家山，有石徑自龍井達煙霞，可三里許，中有碧

螺峯，風篁嶺，嶺上爲龍井，嶺下爲沙盆塢。其北有金鐘峯，丫髻峯，鷄籠山，馬婆嶺。

南高之支其南曰三台山，其後爲靈石山（一名積慶山），平鼎山，延壽山，崑崙岩，大麥嶺，小麥嶺，丁家山，花家山。其東曰鳳凰嶺，穎秀塢，玉岑山，石屋嶺，赤山。其下爲赤山埠，其西南曰煙霞洞，旁有岩曰佛手，曰落石，曰象鼻。其下其水樂洞，石屋洞。由水樂洞向西，爲楊梅嶺。嶺西爲九溪十八澗，東爲滿覺弄，白鶴峯，與大慈峯相峙，虎跑泉卽在其間。東爲雙髻峯，西爲馬鞍山，月輪山。

風篁嶺北爲棋盤山，獅子峯，老龍井，嶺下水匯歸隱橋，九溪，十八澗，入於江中。棋盤山西爲瑯璫嶺，上有天門山，西北曰栗山。自吳山鳳凰山以遡栗山，由南亘西，約二十里，總名南山。

（二）北山

天門山北曰乳竇峯，再北爲三竺五峯：卽天竺，雙桂，白雲，中印，稽留，月桂等峯，是也。有嶺曰捫壁，曰幽淙。有岩曰百丈，曰烏石，曰天香，曰千歲，曰日月。有石曰三生，曰圓公。

飛來峯（一名靈鷲峯）。有臺曰翻經。有岩曰青林，曰虎頭，曰玉女。有洞曰呼猿，曰龍泓，曰玉乳，曰射旭，曰通江。有泉曰臥犀，曰醴泉，曰煖泉，曰冷泉，（有冷泉亭）。

乳竇之支，爲永清塢，集慶山，九里松，仙芝嶺（俗稱普福嶺），下有溪徑，越茅家埠而入於湖。

北高峯（通志作武林山）之後，有白沙嶺，石人嶺，龍門山，形勝山，烏石峯（一名石筍峯），西源峯，大桐塢。北有金沙銀沙二泉。再北爲慶化山，有淸芝塢，玉泉塢，桃源嶺（一名駝巘嶺），法華山，石壁山，龍駒山，秦亭山。其支，爲黃姑山。山有村，曰古蕩，仙姑山。沿東山弄而東，爲履泰山，棲霞嶺。嶺下爲岳坟，嶺後有紫雲洞，黃龍洞，金鼓洞，掃箒塢，古劍關，虎頭岩。

寶雲山之支，爲瑪瑙山葛嶺（上有初陽臺），寶石山。其北爲實稷山（一名巨石山）有塔曰保俶，有峯曰獅子，有石曰壽星，曰倚雲，曰屯霞。其支爲霍山。寶雲之支，渡西泠爲孤山。

由栗山至北高峯，約五里許北高峯至棲霞嶺，約十里許。棲霞至寶稷山，逾五里外。其南北面爲西溪。諸山連貫，總曰北山。

（三）江濱羣山

栗山之西，爲黃山。有范村，通雲樓。其中最高者，曰焦山。餘曰觀山，白岩山，石龍山，茱萸尖，石灰嶺，金子俄，太祖山等。其西南遡江而上，爲定山等，與富陽接疆。其西北沿苕溪而下，爲欽賢，履泰，孝女諸山，與德淸接疆。

黃山之支，東南行爲柏子尖山，牛方嶺，折西爲百丈山。自焦山東南行，爲馬鞍山，由白岩山東南行，爲九里暗山，分金嶺（可達西溪閑林埠），大人嶺，眠牛山（俗名桑柳坂或定南山），青山，（俗名密家

灣）。由石龍山東南行，爲曇山，解頭山，鯉魚山，旋井山，長山，浮山。由茱萸尖東西行，爲大湖山，瓜簍山，神山，石和尚山，羅帶山。

沿錢塘江，由定山，五雲山，以至龕赭二山，在市疆者，凡七十餘里。其中諸山，總曰江濱。

（四）安溪西溪羣山

西溪諸山，如石人嶺之支者曰石人塢。由此以迄法華，秦亭諸山，約十八里，即爲留下。由焦山西北行，爲龍門山，大青嶺，白栗山，安樂山，荊山，七十二賢人峯，臥象山。

西溪至安溪，有大雄山，在苕溪之東。由龍潭渡苕溪，爲茅山，白鶴山，太僕山，劉伶圩，銀子嶺，豫陽山，五郎山，楊梅山，教場塢。由大雄山向西，爲陽山，觀山。北爲虎母山，馬山。折而東南，爲冉家山，響山，小山。其北，爲荀山，壺山，雉山。

苕溪之東，有紫雲山。其西，爲後郎山，裏長山，外長山，西唐山，米堆山。其旁，爲窰山（即瓶窰），角寶灣。由此渡苕溪，爲洋山，唐墓山，全山。折而西南，爲烏山，南爲篠山，莊山，嵩山。由紫雲山，沿苕溪，向東，爲韜光山，石璞山，生金山。東北爲朴山，青龍山，洋後山，東明山。北爲大遮山。東南爲烏尖山。北爲峨墅嶺，太平山。東爲金龍山，石門嶺，鳳泉山，萬松山。

以上諸山，在疆內沿溪約三十餘里，總名安溪西溪羣山。

（五）水道概況

　　杭州河道，有東、西、中、小、四河。其中東河最大，東北出艮山水門以匯城外諸水，即上塘河，可達長安壩。下塘河，至大麻邨，宦塘河，通奉口，是謂之三塘。上塘河與江之間，有沙河，以溝通南北。而安溪西溪諸水，則皆源自苕溪者也。

湖濱公園

陳英士紀念塔

陣亡將士紀念塔

八十八師紀念塔

蘇堤馬路

蘇堤春曉

六橋烟柳

博覽會橋

湖心亭

三潭印月

平湖秋月

西湖博覽會紀念塔

中山公園

寶俶塔

岳廟

玉泉觀魚

春淙亭

靈隱寺

韜光

雷峯塔遺跡

劉莊

汪莊

水樂洞

理安寺

六和塔

虎跑寺

自六和塔下瞰錢塘江

西湖月夜

第四章　名勝

（一）湖中區

　　西湖水平似鏡，泛舟最樂。湖中名勝，俯拾咸是。其尤著者如湖心亭三潭印月等，登臨憑眺，胸襟爲開。嵐翠撲人，水光瀲灩，景色之美，靡以復加。

　　斷橋　本名寶佑橋，唐時呼爲斷橋，元時嘗爲段家橋。清康熙帝嘗題「斷橋殘雪」四字，勒石建亭於橋東，今橋亭已廢，碑亭則移於橋之北岸。

　　白沙堤　今稱白堤，自斷橋起至西泠橋止，今已築爲馬路，計長三里許。至於白樂天所築之堤，則在錢塘門舊址之北，由石函橋北，迄武林門，卽所謂白公堤者是也。俗誤白沙堤爲白樂天所築非也。

　　蘇公堤　今稱蘇堤，爲宋元祐間蘇子瞻所築。以此界爲內外兩湖，長可五里許，現盡築成馬路。堤南第一橋曰映波，第二橋曰鎖瀾，第三橋曰望山，第四橋曰壓堤，第五橋曰東浦，第六橋曰跨虹，此爲外六橋。所謂六橋烟柳者卽指此。

　　趙公堤　宋時趙安撫自跨虹橋起，曾築一堤以通靈竺，因名趙公堤。今有馬路，其名已廢。

　　楊公堤　裏湖西岸，本有楊公堤，爲楊孟瑛所築。有橋曰流金，環壁，臥龍，隱秀，景行，濬源，舊有裏六橋之稱；今已零落相廢，堤亦不名。

　　金沙堤　前淸總督李衞所築，因近金沙巷，故有

此名。通楊公堤之裏六橋，與蘇堤之東浦橋縱橫相接。
堤廣三丈，長六十三丈，岳廟在其北，裏湖在其南。堤
半築橋，設三洞，狀如帶，故以玉帶名橋。

　　西泠橋　一名西林橋，又稱西陵橋，從此可往北
山路。橋旁有蘇小小墓，其西有武松秋瑾諸墓元張輿對
於西泠橋有詩云：「紅藕花深逸興饒，一雙鸂鶒吞鳥避
鳴橈；曉風涼入桃花扇，臘酒香分椰子瓢。狂客醉欹明
月上，美人歌斷綠雲消，數聲漁笛知何處？疑在西泠第
一橋。」橋東，近代文學家曼殊之墓在焉。

　　外六橋　見「蘇公堤」。

　　裏六橋　見「楊公堤」。

　　博覽會橋　南起孤山放鶴亭，此達裏湖大禮堂，
係民國十八年西湖開博覽會時建。

　　湖心亭　在外湖中——外湖卽西湖最大之一部
份，面積約十二方里；北抵孤山白沙堤一帶，南迄南屏
山，西界蘇堤，東達市場。——湖心亭在湖西北部，爲
明知府孫孟所建，亭有清聖祖題字曰「靜觀萬類」。聯
曰「波湧湖光遠，山催水色深」。又一聯曰「春水綠浮
珠一顆，夕陽紅濕地三弓」，絕工。亭居湖之中，遊人
至此，憑欄四望，見羣山屏環，景色清麗。

　　三潭印月　在小瀛洲後蘇堤之前。東坡立塔湖
心，其狀若瓶。明成化後，被毀。萬歷間濬湖，復置三
塔於放生池外。月光映射，分月得三，三潭印月，以此
得名。每當夏秋之交，湖水澄潔，明月在天，波平似
鏡，宛如白玉盤而承水晶球也。繞潭有堤。清康熙御碑
亭後，石橋曲折，有朱欄爲護。進有軒三楹，曰迎翠

軒。其前爲關帝廟，稍北路側爲卍字亭。自此可達清彭
玉麐之退省庵，額曰一寄。廢後改浙先賢祠。其南爲小
瀛洲，池心有峯矗立如美人，清徐琪題曰，小孤山云。

阮公墩 在湖心亭之西北，清阮元撫浙時，濬湖
積土所成。

博覽會紀念塔 爲紀念西湖博覽會而建，塔不甚
高，係水泥所造。

（二）孤山區

孤山舊稱孤嶼，或稱瀛嶼。舊有西閣，辟支塔，
鑑堂，柏堂，竹閣，智果院，瑪瑙寶勝院，報國寺，閑
泉，僕夫泉，四聖延祥觀，西太乙宮，金沙井，萬壽
寺，學士溝，西湖書院等，均在其附近。平湖秋月亭，
則處於孤山之南，其旁有蘇白二公祠，及照膽臺。對面
卽國立藝術館專科學校。此區係陸路，宜步行賞覽。多
建築，祠墓，可供憑吊。

平湖秋月 址在白沙堤錦帶橋西，亭軒相接，三
面臨水，總攬全湖之勝。清康熙三十八年，構亭於其
址，康熙帝榜曰「平湖秋月」，今亭尚存。每當皎月懸
空，銀坡閃逐，恍若身在廣寒宮中也。

國立藝專 平湖秋水之右，舊爲羅苑，係滬上猶太富翁
哈同妻羅迦陵別墅，有額曰「寰瀛一築」。今爲國立藝
術專門學校所在。

中山公園 由國立藝專向西，本有聖因寺，今改
浙軍昭忠祠。旁有文瀾閣，及公園。秋季園中菊花頗

盛，其後即爲孤山此園今已改稱中山公園。右有浙江圖
書館。再西爲左（宗棠）蔣（益澧）二公祠。

西泠印社　社在朱公祠右，或指爲柏堂竹閣舊
址。內有寶印山房，山川雨露圖書室，印泉，文泉，題
襟館，斯文窽等處。旁有廣化寺，舊稱孤山寺。寺右
有俞樓，或稱小曲園，爲德清俞曲園所築。西泠印社爲
丁仁，丁上左，吳隱，王壽祺等所刱，內祀清派印祖丁
敬身，仰賢亭中所嵌之石像，即敬身也另一石像在小龍
泓洞者，係名畫家吳昌碩像，日人所贈。社旁有數峯
閣，祀明崇禎甲申死事倪元璐，林義渠等六人。

放鶴亭　亭在孤山之北。先是余謙既葺林處士之
墓，郡人陳子安以處士無家，妻梅而子鶴，不可偏舉。
乃持一鶴放之孤山，構放鶴亭以配之。今並梅亭皆廢。
清康熙帝南巡，曾書舞鶴賦一篇，勒石亭中。亭前之博
覽會橋，可通葛嶺。

巢居閣　在放鶴亭之西，若登之一呼，則其聲迴
響，若有應者，即所謂空谷傳音也。閣中佳聯至夥，
其林文忠一聯云：「我已家風負梅鶴，天敎處士領湖
山」，尤雋逸。

林逋墓　孤山之陰，放鶴亭南，有宋處士林和靖
先生墓。薩天錫詩云：「先生勝隱得孤山，小艇沿湖日
往還，自愛烟霞居物外，豈知名姓落人間！鶴無過跡苔
痕老，梅自開花月影閒，表墓有銘祠有奠，高風千載更
廉頑。」和靖乃林逋之謚法，君復其字也。

文瀾閣　現改爲西湖博物館，位在白沙堤北，中
山公園之西。舊藏四庫全書，洪楊之亂，散佚殆盡。後

由邑人丁申丁丙等搜訪補抄，始漸齊全。光緒六年，浙撫譚文勤公鐘麟重建。閣前有假山，頗玲瓏透澈。

浙軍昭忠祠　係聖因寺舊址清康熙四十四年清帝南巡，作爲駐蹕之行宮。光復時，浙兵攻克江寧，因就寺改祠，祀陣亡將士爲紀念。

帥公祠　祠近平湖秋月，祀前清浙江巡撫帥承瀛，帥有功地方，邑人德之，建祠以昭久遠。

陸宣公祠　內祀唐陸贄，位於孤山路口。今祠係清雍正九年所重建者，清帝並題「內相經綸」額。

徐陳馬三烈士墓　三烈士者，徐錫麟，陳伯平，馬子畦也。清季倡導革命，功垂不朽，墓在孤山東麓，三烈士皆紹興人。

竺烈士墓　浙嵊縣人竺紹康，清季倡導革命，不遺餘力。歿後卜葬湖濱，與三烈士墓相傍。

唐莊　係唐寶泰之別墅，一名逸雲寄廬。在平湖秋月後。

王莊　曾任交長之王伯羣別業也。在竺烈士墓旁。

陣亡將士墓　葬攻克江寧之陣亡將士，在孤山路旁。

王電輪墓　在王莊後，竺烈士墓旁。

蘇文忠公祠　祀宋詩人郡守蘇軾東坡。祠在三烈士墓右。

白公祠　祀唐平民詩人白居易，祠址在蘇祠之左，附祠者爲唐絳州刺史樊紹述。

照膽台　在白沙堤北，始建於明萬曆，漢關羽之祀祠也。向貯漢玉印一，文曰漢壽亭侯，及神諱。印今

移存浙江圖書館保存。國立藝專分校現設於此。

詁經精舍　原爲浙士講學之所，重修後，名正氣先覺遺愛祠，亦在白沙堤之北。

三忠祠　內祀庚子抗論拳匪，因而遭害之清重臣許景澄，徐用儀，袁昶三人。祠址在詁經精舍西。

浙江圖書館　公園右爲浙江圖書館西湖分館。文瀾閣之四庫全書，今移存館內，以資保管。

徐文敬公祠　祀清東閣大學士徐潮。卽在圖書館之西。

朱文公祠　祀宋大儒朱熹，祠址近徐祠。其側有盧舍菴。

左蔣二公祠　見「中山公園」。

郭孝重金科墓　郭係明人，邑人丁丙以其懿行可風而表之。墓在西湖工程局右，其旁卽酒肆樓外樓，頗著名。

廣化寺　在孤山之南。寺中有六一泉，爲蘇子瞻紀念歐陽修而名。

俞樓　位在廣化寺之右，清士人俞樾別業。

寂盦　在西泠橋堍，一稱杜莊，以主人爲粵人杜姓，亦名笙齋。

林塞碧墓　林係詩人，歿後葬此，在中山公園後。

蘇曼殊墓　在林墓之北，地瀕湖岸，蘇歿滬上後，汪兆銘等爲葬於此，並建塔紀念之。

中山紀念林場　原係荒場，經市府經營，闢爲林場。位在孤山之西北麓。近年林木清葱，益以亭園之勝，可資憩息。

瑪瑙坡 孤山之東。有坡名瑪瑙，以其碎石文瑩，故名。許奏雲建亭於此曰「雲亭」，在馮小青墓之左。

舊博物館 西湖博覽會時建屋作博物館，會後移作國術館宿舍。

馮小青墓 在孤山路之陰，葬明武林馮生姬小青。姬生時因爲大婦所嫉，徙居孤山，以瘵卒。民國二年，與宋馬鞠香墓並修之。民四，吳江柳亞子爲伶人馮春航子和，立碑小青墓側，以馮善演小青，且又同姓，爲留片石，誌夙緣耳。

宋女馬菊香墓 在林逋墓側，女生前喜吟林詩，死遂葬此。

林典史墓 在林逋墓西，洪楊之役，仁和典史林汝霖殉難，卜葬於此，並有林公祠。

林太守墓 太守名啓，字迪臣，清光緒間出守杭州，有政聲。死後邑人爲祀於此。

惠興女士墓 惠興清杭州旗人也，殉學而死，葬孤山之陰。

趙公祠 在林逋墓西，祀清浙撫趙士麟。

財神殿 在趙祠之側，卽華光藏主殿，與惠興墓相毘連。

（三）北山區

湖濱公園 游客至杭，行抵湖畔，首先入於眼簾者，卽爲湖濱公園。園凡六，自南而北，以第六公園爲最廣袤，花木亦最勝。六園均城根舊址，徐步經行，眺賞湖山，都來眼底。

錢塘門　在湧金門北，城門已無遺跡可尋，悉爲坦蕩之馬路矣。其地有朱興武將軍等祠。

摹烟別墅　海甯徐氏業，在錢塘門外。

穉蔭草堂　亦爲徐氏業，現闢作東方飯店。

九芝小築　上海黃礎九之別業，九福公司駐杭分店。

友常別墅　上虞周氏產。

南陽小廬　係粵人鄧世熾之別業。園內四壁，多金石摩崖，殊饒古意。

雲樵書屋　爲杭州市政府所在地，係已故前浙督楊善德所築。

如園　湘人譚道源業。

中行別業　係中國銀行之產業。中行同人，假期來杭，多駐足於此。

來音小築　係曹振聲築。

味純湖舍　俗稱王莊，在錢塘門外，卽清王文勤公文韶之停雲湖舍。今爲吳縣富室貝潤生所購得。

昭慶寺　寺爲吳越王所建，寺中有戒壇，千佛閣，藏經閣，定觀閣，觀音井，看山亭，臥牛石，諸勝。寺門之前，有清蓮池，俗稱放生池。池上有萬善橋，相近有溜水橋，洩水下流，可通新河壩。大殿於民十八一度燬於火，在募修中。

張勤果公祠　卽在昭慶寺前，祀前清山東巡撫張曜。上善庵，吳杭別墅，鴻雪廬等，卽在附近。鴻雪廬爲虞洽卿之別業。張公祠西有綠湖柔舍，爲清吳興張石銘別墅，今改爲基督教中華聖公會。

　　寶石山　一名巨石山，過昭慶寺，經臥龍山莊，卽爲此山。高六十三丈，周一十三里。其下爲寶稷山，下有乳泉，佛足泉，其絕頂爲寶峯，頓開嶺。

　　麗閒別墅　在裏西湖馬路旁。

　　留餘草堂　吳興劉承幹所置，在寶石山東。

　　大佛寺　寶石山麓爲大佛寺，有大石佛，相傳爲秦始皇之纜船石。張輿有詩云：「葛仙嶺西大石頭，祖龍東來曾繫舟，不聞登仙入蓬島，徒見作佛如嘉州。」

　　彌勒院　宋時，釋思淨劂石爲彌勒像，在寶石山東。

　　堅匏別墅　面湖而建，在寶石山東南，爲淸吳興劉錦藻築，卽俗稱小劉莊是也。

　　陸軍衞戍病院　在堅匏別墅北，現廢。

　　保俶塔　前人有言：「雷峯如老衲，保俶如美人」，蓋指南北二塔之形像也。今者老衲失踪，而此美人獨存，未免形單影隻耳。俗訛保叔塔，寶所塔，不可思議。其塔屢圮，屢修。塔之前後各有壽星石，舊名落星石。石側有來鳳亭，看松臺，石屏風，巾子峯，屯霞石。再進有川正洞，內有石榻，石几。錢思復有詩云：「金刹天開畫，鐵簷風語鈴，野雲秋共白，江樹晚逾靑。鑿屋岩藏雨，黏崖石墜星，下看湖上客，歌吹正沉冥。」此處本係英僑梅籐根產，後爲官廳贖回。

　　霍山　寶石山北爲霍山，多石。相傳吳公子慶忌葬此，故有慶忌塔，淸康熙三年圮。

　　葛嶺　嶺在寶石山西，相傳爲葛洪煉丹之地。上有煉丹臺，葛仙庵，葛公丹井，流丹閣，喜雨亭，頑石

亭，覽燦亭，九轉亭，寶雲亭諸勝。屋係顏料及染業中
人所修，頗美奐。

初陽臺 葛嶺有初陽臺，地甚平衍。舊有東海朝
暾之目。

智果寺 大佛寺西爲智果寺，有參寥泉。女史楊
雲友葬於寺旁。

抱青別墅 南潯邢氏所築，在葛嶺下。葛嶺飯店
即在此處。

毓秀庵 亦在葛嶺下。

國術館 前博覽會工業館遺址。

王莊 初爲李景曦業，後爲蘇州王德藩所購得，
改曰王莊。在葛嶺下。

瑪瑙寺 在智果寺之西，寺前有停鷹石勝跡。佛
殿一大鐘，名長鳴鐘。樂園，林莊，均在寺側。

菩提精舍 在葛嶺下。

多子塔院 在葛嶺下。

春潤廬 文學家宋春舫朱潤生之合業，在葛嶺下。

吳開遠侯祠 祀明馬士英部將開遠，在葛嶺下。

孤雲草舍 吳興劉梯青之別墅，在葛嶺下。

顯功廟 在葛嶺下。

靜觀堂 間地庵舊址，在葛嶺下。

秋水山莊 在靜觀堂間壁，爲故申報主人史量才
之別業。

招賢寺 即玉佛寺，近顯功廟。元末燬，清初
重建。

西湖大禮堂 前西湖博覽會之大禮堂，現設影戲

院。在招賢寺右。

養眞廬 在大禮堂後，爲倪姓精舍。其左爲南洋建築公司之業，廬前則爲湯氏產。

西湖療養院 在葛嶺山脚息廬。

葛蔭山莊 沈氏所置，在葛嶺下孫圃東。

孫圃 清紹興孫直齋別業，與楊莊毗連。今改設惠中旅館。

嚴莊 清泗州楊士驤士琦之別業，在葛嶺下瀕湖處。今爲嚴氏所得。

潘莊 嚴莊後，爲潘莊。

宋洪忠宣公皓祠 在葛嶺下孫圃後，今已漸圮。左右爲西泠飯店及蝶來飯店。再過有童保暄祠，止園，譚莊，演昌精舍，念園等。

松風上人塔 與蘇小小墓相近。松風初爲白衣寺僧，有卓識，爲辦學校而舍身。

蘇小小墓 在西泠橋側，蘇爲錢塘名妓，南齊時人。

宋武松墓 在西冷橋東。

清鄭貞女墓 與蘇小小墓相近。鄭名淑嬪，能詩。

秋瑾墓 在西泠橋側，女俠秋瑾——字璿卿，埋骨處也。墓前有風雨亭，清末爲徐錫麟案株連被逮，官嚴鞫之，女俠僅書「秋風秋雨愁煞人」七字，終被害。風雨亭之建，卽取是意也。

鳳林寺 寺建於唐元和二年，鳥窠禪師講經地也，在葛嶺西。內有君子泉及明天啓間所鑄之大鐘。

陶楊沈三烈士墓 陶成章，楊哲商，沈由智之葬

地，在鳳林寺前。

龐氏永賴祠　在鳳林寺後。

劉果敏公祠　在葛嶺西，龐氏永賴祠側，臨湖而築，今爲鑑湖女俠祠，簡稱秋社。

曲院風荷　金沙港本有麴院，卽今之岳湖西隅。夏日多荷，宋名麴院荷風，清改今名。建亭於跨虹橋北（蘇堤之第六橋），形勢絕勝，夏日清風徐來，荷香沁入心脾，今則僅存遺蹟耳。

崇文書院　卽西湖書院，在岳廟前。今爲市立中學第二部之校址。

宋岳王廟　棲霞嶺麓爲鄂王廟，俗稱岳廟。爲岳鵬舉而設。前有石坊，題曰「碧血丹心」。廟西爲岳坟，有石刻盡忠報國四大字。有奸臣秦檜等四鐵像。廟階下有柏，今號精忠柏。民國十二年，盧永祥督浙時，捐資重修岳廟。

清倪烈婦墓　在棲霞嶺下。

浙江先烈祠　爲左公祠舊址，在岳廟前。內祀徐錫麟，陶成章，趙聲，葉仰高，陳伯平，董國祥，馬宗漢，楊旭東，虞廷，沈克剛。

錢氏家祠　在岳墳湖口。

湖山春社　與浙江先烈祠相毗連，在岳廟前。社中奉湖山之神，──卽花神。

道村　爲皖人劉庚身所置，在岳廟南。粤人鮑伯鄰之鮑莊，亦在村前。

六臣祠　在岳墳相近，所謂六臣者，帥承瀛，李鴻章，曾國荃，彭玉麟，劉典，楊昌濬是也。今浙江昆

蠶局附設於此。相近更有卍字草堂，爲甬人盧鴻滄別業。西有極樂閣。

靜廬　爲甬人周靜覺之產，在岳墳仁壽路口。

環碧湖舍　一名仁壽山莊，王曉籟所置。

金沙港　在靈隱寺側，一名靈隱浦，以在南北兩峯之間，因又名兩峯澗。沙作黃金色，稱金溪者本是。

金溪別業　在金沙港。俗稱曰唐莊，係金子久之產。

蠶桑館　在金沙堤西北，今爲市立中學第一部校址，其西有劍虹別墅，後爲今人王克敏家祠。

金沙隱廬　在金沙港劉金橋畔，爲邵朱發之產。

寶雲山　亦稱寶雲茶塢，在葛嶺之左，東北與巾子峯連接。

寶雲寺　爲吳越王所建，今廢。在寶雲山。

棲霞嶺　又名履泰山，在葛嶺西。曩日桃花燦爛，色如凝霞。上有桃溪，烏石塢，棲霞洞，怪石隱翳榛莽中，暑遊最宜。山巔有紫雲洞，倚空如懸，陰寒徹骨。中供觀世音石像，座鐫「紫雲洞天」四字，亦爲避暑之地。洞旁有牛皐墓及妙智寺。

妙智寺　宋太尉張公建。在棲霞嶺巔，內有棲霞井。

棲霞洞　卽在棲霞嶺妙智寺側。

紫雲洞　見「棲霞嶺」。

雙桐庵　在紫雲洞旁。

香山庵　在紫雲洞下。

占劍關　在棲霞嶺上。左寶雲，右仙姑，因兩山

夾峙，儼若劍門，故名。

牛皋墓 在棲霞嶺上古劍關旁。

金鼓洞 在棲霞嶺南。

蝙蝠洞 在棲霞嶺東北。

黃龍洞 在棲霞嶺後掃帚塢，今已改建。

天龍洞 在黃龍洞相近。

仙姑山 又稱東山，介於棲霞及靈隱二山之間。

清漣寺 原名淨空禪院，在仙姑山北青芝塢口。初建於南齊天福，燬於元末，明宣德重建。清康熙三十八年，清帝幸此賦詩，乃改名清漣。現杭市府於寺前建游泳池。

玉泉 清漣寺中有玉泉，甃石為池，色清味甘。昔有五色魚甚夥，投以餅餌，則奮鬐鼓鬣，攫奪盤旋，大有可觀。另有細雨泉，晴雨軒等。有董其昌額曰「魚樂國」。白樂天有詩云：「湛湛玉泉色，悠悠浮雲身；閑心對定水，清淨兩無塵。手把青筇杖，頭戴白綸巾；興盡下山去，知我是何人？」紀實也。

珍珠泉 泉水湧如珍珠，故名。亦在清漣寺後。

神霄雷院 祀雷神，在慶化山麓。

張憲墓 憲為岳飛部將，在仙姑山下。

靈峯 清漣寺西，桃源嶺東，為靈峯山宋蘇軾題壁以詩後，名乃著。

靈峯寺 在靈峯山麓，晉時建。前清道光朝，加以興建。光緒中，復眠雲室容碧軒諸舊觀。寺右有掬月泉。

補梅盦 靈峯故多梅，後漸凋。吳興周夢坡廣文慶補種三百株，並構庵，曰補梅。紀實也。

集慶山　在仙姑山西南。

蝶巢　陳栩園──天虛我生之別業，在桃園嶺。

九里松濤　自洪春橋起，至靈隱下天竺止，長凡九里。唐開元中，刺史袁仁敬植松於此，故名。

俞珊別墅　在九里松路側。

實克農場　地廣百餘畝，在石蓮亭。阮莊在其左。

集慶寺　在九里松，宋理宗爲貴妃閻氏建。當時名賽靈隱，以其建築宏偉也。寺早圮，今農業改良場設西湖林場於此。

靈隱山　距城西十二里，爲靈隱山。高約九十二丈，周約十二里。又稱靈苑山，仙居山，武林山，俗稱西山。其脉起歙出陸跨富春，控餘杭，蜿蜒數百里，結局於錢唐，如引兩臂。南垂臙脂嶺，北垂駝峴嶺，嶺有北高峯，峯東爲屏風嶺，峯西有石筍，美人諸峯。所謂靈山峯者，本爲巨石，仙姑，寶雲，履泰，天竺諸山，及飛來峯之總稱。

雲林寺　俗稱靈隱寺。寺有覺皇殿，直指堂，輪藏閣，大樹堂，尚鑑堂，聯燈閣，玉樹林，紫竹林，萬竹林諸勝。寺左有羅漢堂，內供五百羅漢及濟顚僧像，面貌形狀各不相同，大可表揚我國之雕刻藝術，惜於廿五年燬於火。靈隱山門有咫尺西天四字額。

飛來峯　靈隱有飛來峯，人盡知之。但湖上諸峯當以飛來峯爲第一。峯石高數十丈，而蒼翠，玉立，渴虎，奔蜺，神呼，鬼立，秋水，暮烟，顚書，吳畫，皆臻幻怪色怒之景。峯本稱靈鷲。峯西有白猿峯，呼猿洞，東有通天洞，又稱龍泓洞，岩石室。洞口有理公

岩，射旭洞。旁有一線天，或稱玉乳洞。

堅雷亭　在雲林寺前，與飛來峯相近。

冷泉亭　在雲林寺前，依澗而立，景色極佳。

春淙亭　在飛來峯路口，迴龍橋上。

瞿文慎公鴻機墓　在雲林寺右瞿字子玖，清大學士，諡文慎，鴻禨其諱也。

北高峯　峯在靈隱寺後石磴數百級，曲折三十六灣，衍二十餘里，高九百二十丈。上有順靈廟，廟後有平台，台前有千年石。松峯頂，本有浮屠七級，今久廢。

靈順廟　俗稱華光廟，又曰五福廟，在北高峯頂，建於宋，祀五顯神。

韜光　北高峯峯腰，有韜光寺，可由靈隱寺盤旋而上，約三里許，有竹徑甚長。昔有「樓觀滄海日，門對浙江潮。」之句。因其寺頂有石樓，正對錢江，江盡爲海，故有韜光觀海之稱。

韜光庵　在北高峯南巢枸塢，爲吳越王建。舊名廣巖庵，唐時僧韜光卓錫於此，遂改名韜光庵。

天竺山　自靈隱至天門，周數十里，皆稱爲天竺山。

下天竺山　在雲林寺南，自飛來峯至此，爲程殊便，僅里許耳。山石奇俊，寺後有金佛洞，三生石，蓮花泉，瓔珞泉。所有巖洞，皆嵌空玲瓏，以石奇故也。

月桂峯　在飛來峯西，與下天竺寺相對。

香林洞　在月桂峯後。

日月巖　在香林洞左，巔旁一臺，晉謝靈運嘗在此繙經。

蓮花峯　在香林洞右。

中天竺　由下天竺北南行約里許，有法淨寺。爲中天竺，俗稱二天竺。有額曰「靈竺慈緣」。

楓木塢　在中天竺寺東北，地舊多楓，故名。

中印峯　在中天竺寺西，隋開皇間，西僧寶掌入定於中天竺寺，寶掌乃西域五印度之中印人，故名。其地爲中印峯。

上天竺　由法淨寺西南行二里許，始達上天竺。有寺曰法喜，坐白雲峯，對乳竇峯。每年香火，獨推此寺爲最盛，寺旁遍設香燭市肆，不啻爲第二普陀也。寺後殿額曰「寶院飛觀」。並有肅儀亭及經幢白雲堂等。

乳竇峯　在上天竺寺南，下有空巖，懸乳如脂。

白雲峯　在上天竺寺北。

雙檜峯　在白雲峯右。

雲隱塢　在白雲峯右。

幽淙峯　在雲隱塢後。

捫壁嶺　俗稱郎當嶺者是，在幽淙嶺上。再上爲天門山，卽南北二山之分界處。東與龍井，南與五雲，互相連通。

天門山　在北高峯後，雙峯峭立，故名。

（四）南山區

新市場　新市場密邇西湖，其地本爲杭防八旗營城，故至今仍有稱爲旗下營者。湖濱路一帶旅館林立，其大宗收入，全賴每年來杭遊覽者之供給。

省立民眾教育館　在湖濱路，原址係宋環碧園，館內設圖書館，運動場。建有中山紀念臺，星期日遊息者麕集。

滌塵湖舍　在湧金門外，西北濱湖處。姚江余姓所置，故俗稱余莊。

董莊　滌塵湖舍之左，甬人董渭坐別業，亦在湧金門外，今大華飯店。

澄廬　在滌塵湖舍後，前為盛宣懷別墅，現由省政府收回管理，要人到杭，多息於此。

西湖游泳池　市政府所建，在湧金橋西河下。

湧金門　湧金門介於錢塘清波二門之間，城垣未拆前，遊湖者多出此門，自新市場開闢後，此地蕭條日甚。浙公路局於此設有湧金站，站旁有湧金池，後唐時所浚。

問水亭　明萬曆司禮孫隆建，在湧金門外瀕湖。俗稱聽水亭，為艤舟解維繫纜之所也。

放廬　杭人王文叔所置，在問水亭旁。

柳州二賢祠　祠在湧金門外湖濱，舊名子貢使越祠。清康熙間，以弼教坊仲子舊祠移來合祀，遂改今名。現已圮。

柳浪聞鶯　昔有柳浪橋，在清波門外之聚景園，乃南宋故址，今久廢。聶大年有詩云：「雨後翻空一派青，蘇公堤岸繫漁舲，只藏鶯鳥春聲滑，不起魚龍夜氣腥。遊子愛聞停玉勒，佳人倦聽倚銀屏，待看三月歌喉老，又見浮波架作萍。」從可想見其概也。

清波門　俗稱暗門，在湧金門南。浙公路局設有

清波站。

卜合堤亞氏墓　在清波門外，所葬爲天方先哲卜合堤亞氏及二從者。

錢王祠　祀吳越武肅王錢鏐，在清波門外稍北。祠鑴表忠觀碑文，舊爲蘇軾書。今所存者摹拓本耳。祠於民國十四年新修。

夏氏宗祠　前浙江省長夏超家祠，在清波門外。

周元公祠　周鳳岐家祠，在清波門外。

南屏山　山在清波門外，峯巒聳秀，怪石玲瓏，峻壁橫披，宛若屏障。上有慧日峯。邱道源有詩云：「南屏高瞰府城西，畫舸千艘共醉迷，四柱臺邊烟是幕，百花橋畔蒟連堤。龍松咽路迎鑾隼，綺繡登山汗粉題，暮色沉沉郊郭閉，寶燈輝映梵天低。」

淨慈寺　寺本爲周顯德元年錢王俶所建，號曰慧日永明院。屢燬屢築，明正統朝，僧宗妙復之。清康熙三十八年，清帝南巡幸此，書淨慈寺額及西峯二字。昔有羅漢堂，圓照井，──俗稱運木井。寺前有萬工池，池上有亭，中有碣曰「南屏晚鐘，」寺以此有名。寺後爲蓮花洞，其西爲小有天園。

有恆居　顧浩丁月如伉儷別業，在淨慈寺南。

義烈遺阡　在淨慈寺旁，前清同治五年，左宗棠督閩浙，奏請掩埋浙江省殉難無主遺骸五十七塚於此。

童晏墓　在淨慈寺東南。內葬清崇明人童叔平。

兩浙節孝祠　祠在淨慈寺西，新重建者。

雷峯　在淨慈寺北，傳雷氏築菴居之，故名。

今倦還琴樓　俗稱汪莊，在雷峯下濱湖處，爲皖

人汪自新之別墅。建築宏麗，內設有汪裕泰茶號，汪卽茶號主人。

雷峯塔　在雷峯上，吳越王妃黃氏所建，以藏佛螺髻髮，故一名黃妃塔。塔殊古拙可喜，舊有「雷峯夕照」之稱，民國十三年九月中，忽自傾圮，今雖有募款重建之議，但尚未能進行也。

漪園　本名白雲庵，在雷峯西。乾隆二十三年，清帝幸寺，賜今名。

月下老人祠　在雷峯漪園右，迷信男女每往展拜，以卜婚姻事。

聞鋤別墅　蘇州周姓宅，在雷峯下汪莊旁。

紅籟山房　粵人李茂所築，在雷峯之巔。

九曜山　與赤山聯屬，在南屏山西。山之東有仙人洞。

張蒼水祠　在南屏山麓，祀明東閣大學士兼兵部尚書張煌言公。公鄞縣人，明亡與鄭成功同謀恢復。兵敗被獲，不屈而死。其墓在南屏山麓榛莽中。公墓旁又有一墳，絕巨。爲明昌化伯邵林之墓。

南泠亭　在張蒼水祠前。

關莊　在張蒼水祠前。

花港觀魚　蘇堤第三橋之望山，與西岸第四橋斜對，水名花港，以通花家山故。山麓舊有盧園，爲宋內侍盧允升別墅。鑿池甃石，引湖水其中。畜異魚數十種，稱花港觀魚。

紅櫟山莊　俗稱高莊，在花港觀魚側，杭人高雲麟之別業也。

小萬柳堂 俗稱廉莊，在映波鎖瀾二橋之間，無錫廉泉——字南湖，與其婦吳芝瑛偕隱所居。今屬江蘇蔣蘇盦氏，曰蘭陔別墅，故亦稱蔣莊。

陳莊 陳曾壽（仁先）別墅在蘭陔別墅後。

俞乃謙別墅 在陳莊側。

方家峪 在南屏山之南，可通梯雲慈雲二嶺。

華津洞 在方家峪西南。

梯雲嶺 在華津洞西，逾嶺，可出大慈山。

慈雲嶺 在方家峪之東，由此可達江上。

赤山 山土赤埴故名。與定香橋相近處曰赤山埠。其水曲爲浴鵠灣。劉邦彥有詩云：「浴鵠灣頭春水，呼猿洞口晴雲；漁歌款款互答，樵唱悠悠獨聞。」自此而過大慈山，可達江干。

浴鵠灣 元張伯雨結廬於此，顏曰「黃篾」，在赤山水曲處。

惠因澗 在赤山與玉岑山之間，秦少遊遊龍井，曾濯足於澗而記之。

鐵窗櫺洞 在赤山惠因澗，相傳洞中嘗有蛟龍出入，人畏之，乃鑄鐵窗櫺，嵌於石槽以拒之。水自窗櫺出，六月涼如冰。

法雲講寺 在赤山與玉岑山之間，吳越時建。

宵箕泉 在赤山之陰。

玉岑山 西接三臺山，東對赤山，南爲石屋嶺。舊傳此山產玉，異常秀潤，崖上鐫有玉岑二字，本此。

石屋嶺 在九曜山南。

大仁寺 在石屋嶺下，寺前建有大乘妙法蓮華經

塔，上刊全部華嚴經。

石屋洞　在石屋嶺下大仁寺內，其粉垣上有湖南第一洞天六字。洞底有泉，其盡處形如螺，額題曰「滄海浮螺」。

乾坤洞　在石屋洞上，相傳宋高宗遊湖，嘗至此小坐。

煙霞嶺　在石屋嶺之南。

烟霞洞　石屋嶺南有烟霞嶺，嶺有煙霞洞，今較石屋洞爲著稱。洞後舊有清修寺，今廢。洞前以石作門，有仙巖二字。入門有東坡像，題曰蘇龕，上有高閣，曰呼嵩。尚有象鼻石，佛手巖，石羅漢，等跡。此洞晉時有僧彌洪者結庵洞口，始發見此洞。湖中諸洞，幽古莫逾於此。

清修寺　在煙霞洞口舊稱煙霞寺。

聯峯　在烟霞洞上，廣高各數丈。

佛手巖　在煙霞洞上，巖石秀麗，形似佛手，故名。

水樂洞　亦在煙霞嶺下，巖石盤峙，洞壑虛窈，泉味清甘，聲如金石。洞口有隸書清響二字，今該處有水，樂埠以便遊客。

點石庵　在煙霞嶺水樂洞左，一稱水樂寺。寺中有缸，初嵌於石，久而與石相併，名曰萬年缸。

淨梵院　在煙霞石屋間。

南高峯　峯高一千六百尺，與北高峯對峙。本有七級之塔，今廢。下有天池洞，右有千人洞，無門洞。峯頂有先照壇，最上庵，及鉢盂潭，潁川泉，均有大旱

不涸，大雨不盈之異。

最上庵　在高南峯巔

天池洞　在巔高南峯山半。

千人洞　在天地洞右，洞口僅六尺許，漸進則漸廣，可容千餘人，故名。

無門洞　在千人洞上百步許，峯峭難登。

留餘山居　一稱白天窩樓，在南高峯北麓。清乾隆帝南巡至此，題留餘山居額。

聽泉亭　在留餘山居相近，亭旁有瀑布泉。

榮國寺　在南高峯巔，俯江面湖，險峻殊甚。

五老峯　俗稱老虎洞，在南高峯下，相傳有虎穴。

三臺山　爲南高峯近支，在小麥嶺南。東爲玉岑赤山，三峯儼峙。俗稱中臺，左台，右台是也。

袁忠節公墓　在三臺山下八盤嶺，袁諱昶，庚子抗論拳匪三忠臣之一。

法相寺　在三臺山穎秀塢，僧法眞遺蛻藏於山。

定光庵　在三臺山法相寺西，穎秀塢上。

六通寺　吳越王所建，在定光庵稍北。

華嚴庵　在定光庵北，有水一池，作半月狀，深廣約五六丈之譜。

于公祠　在三臺山下，祀明少保于忠肅公謙。昔舉子多往祈夢，故其旁有夢神廟。

兪曲園墓　兪樾。號曲園，清德清人，歿後葬於此。

大慈山　九曜山之西南爲大慈山，北有錢糧司嶺。寺有甘露嶺，嶺下爲四眼井。

錢糧司嶺　在大慈山之北。

甘露寺　在大慈山錢糧司嶺，有甘露泉，爲虎跑餘派，亦頗清冽。

屏風山　在大慈山東。

白鶴峯　在大慈山南。

大慈定慧禪寺　俗稱虎跑寺，在大慈山。寺建於唐，至宋時，稱之爲法雲祖塔院。

虎跑泉　大慈山之西有白鶴峯，中有虎跑泉。相傳有二虎跑山出泉，甘冽異常。蘇文忠有「虎移泉眼趁腳行」之句，蓋紀實也。泉質頗厚較錫山泉有過之。置百錢不溢，以是得名。清康熙帝兩次南巡，均幸此，題詩。有「似恐被人頻汲取一泓清迴出山坳。」之句。後乾隆帝臨幸，亦有題詩。寺中本鑿井三，今改池二，均可取泉。其最上之井，較深廣。遊人至此，多往品茗。寺外宏壯之山門，係光緒中僧品照所募建。寺後有積萃軒。

濟祖廟　有濟祖塔院，在虎跑寺右

樵歌嶺　在虎跑寺濟祖廟南。

襲慶寺　寺內有眞珠泉，在虎跑寺南。

丁家山　丁家山爲南高峯支山。上有岡阜，雖不甚高，而得俯瞰全湖。

汾陽別墅　昔稱端友別墅，俗名宋莊，在臥龍橋畔。爲閩人郭士林所得。

許莊　卽西園，又名純潔廬，亦在臥龍橋畔，爲廣東許答西別墅。

水竹居　在丁家山前，俗稱劉莊，屬香山劉學

詢。中有花竹安樂齋，因臨湖而築，景色天然。

法公埠 在水竹居後，粵人李茂之所營之西式別墅，號素園者，卽在是地。旁有松鶴山莊，係盛杏蓀之妻莊氏所建。

八角亭 在丁家山上。

蕉石山房 在丁家山八角亭後，以舫前奇石，狀類芭蕉，乃得蕉石山房之名。有池及小軒，殊靜潔磴道南有石壁，高丈許，其前一石卓立，稱蕉屏，「蕉石鳴琴」之勝是也。

趙撝叔墓 淸書家趙之謙之墓，在丁家山。

樂天園 爲南海康有爲別墅，在丁家山巓

大麥嶺 在丁家山西，地當南北二山之界。

花家山 一名蛇山，其下爲花港，在丁家山大麥嶺後。

茅家埠 在大麥嶺花家山下瀕湖處。南山龍井諸泉，及北山分流之水，自此入湖。自新市場泛舟入南北山者，多於此登岸，故殊衝要。

小麥嶺 在丁家山西，接大麥嶺。

靈石山 在小麥嶺西南，山右爲積慶山。下有放馬場及飲馬橋。棋盤山及天馬山在左。

張居正墓 在雞籠山麓，居正爲明大學士。

風篁嶺 靈石山西南有風篁嶺，林壑深沉，風韻清淒。自龍井而下，泉流四時不絕，嶺下有沙盆塢。嶺上有一片雲石，過谿亭，等跡。

龍井 風篁嶺下爲龍井，本稱龍泓，林樾幽古，石鑑平開，寒翠甘澄，深不可測。閑花寂草，延緣其

旁，或隱或現，相傳有龍居焉所謂龍井八景者：卽過谿亭，滌心沼，一片雲，風篁嶺，方圓庵，龍泓澗，神運石，翠峯閣是也。

龍井寺　本稱延恩衍慶寺，後改報國看經院，宋時稱爲壽聖廣福院。今仍以龍井寺出名。寺有茶點供客，精潔可口。龍泓自寺旁延緣而下，層崖壁立，飛瀑傾瀉，對澗爲八角亭，可坐以觀瀑，御題曰「振鷺澗」。左爲聽泉亭，旁井有神運石，廣可六七尺許，石上有玉泓池，左有茶坡。過嶺有老龍井，以產茶得名，其茶卽以龍井名之。

天馬山　在老龍井前。

獅子峯　在老龍井後。峯旁過天竺路，爲楊梅塢有彌陀興福院。

九溪十八澗　九溪在龍井之南路，通徐村，水出江干。以其九水合成，故曰九溪。張光弼有詩云：「春山縹渺白雲低，萬壑爭流下九溪擬溯落花尋曲徑，桃源無路草萋萋。」水之未入溪者，皆爲澗，九溪旁有十八澗，是則約舉其倍數而已。

楊梅嶺　在煙霞嶺南。山路平坦可行，自烟霞嶺可直達理安山。

翁家山　在南高峯南，與楊梅嶺相連。凡自風篁嶺至九溪者，輒取道於此。

滿覺壠　在翁家山楊梅嶺下，一名滿家弄，或曰滿覺壠。地多大桂，入秋香聞數里，有香雪之稱。爲烟霞嶺至理安寺之捷徑。

理安山　九溪之東北，爲理安山。中有三峯，曰

大人，迴象，獅子。大人峯之極頂為先照臺。稍東為且
住厓，諸峯以迴象為最勝。

　　理安寺　舊名法雨寺，在理安山麓。宋理宗時，
始改今名曰理安。明弘治四年，寺廢於洪水。萬曆重
建。清康熙五十一年，內廷發帑重建，增寺山千畝，
齋田二百餘畝，命僧性音主之，舊觀盡復。並題理安
寺石磬正音二額，賜佛像及巨鐘。又十寶供器，亦皆
內府置造。雍正乾隆等屢有題賜。旁有精舍，寺方丈
後崖上有松巔閣，據全寺之勝。近年吳興周夢坡為其
母董太夫人寫經，建塔藏之。

　　五雲山　山去城二十餘里，五雲森列，乃天門山
之支衍也。頂有平岡，之江三折，正當其前。相傳舊有
五色雲盤旋山頂。故名。

　　眞際院　五雲山巔有眞際院。相傳宋僧結蓬於此，
乞錢買肉飼虎，時人呼之為伏虎禪師。今人附會之，奉
為伏虎財神。秋九十月間有財神會，祈福者雲集。

　　白沙塢　在五雲山東北。

　　雲棲塢　在五雲山西北，沿江尋徑，逐至其地。
竹石幽蔽，濃蔭遮日。高下屈曲，延紆數里，不辨所
出，誠湖山奧區也。山半有洗心亭，可供憑眺。

　　雲棲寺　吳越王建，在五雲山雲棲塢。燬而復
修，漸次規復。明蓮池大師卓錫於此，清規至整肅。
清康熙曾兩次臨幸，題雲棲松雲閣二額。乾隆於十六
年二十七年一再巡幸，亦有題賜。寺在山最深處，石
徑兩旁，皆巨竹，寺前有大竹一竿，清康熙帝錫名「皇
竹」，並建亭以誌寵異。

萬松嶺　嶺在鳳凰山北，南屏山東，可由南山馬路，或南城馬路，直達其地。由拱宸橋至三郎廟之汽車，來往須經此處。其初本有多松夾道，故白樂天有詩云：「半醉閒行湖岸東，馬鞭敲鐙轡玲瓏；萬株松樹青山上，十里沙隄明月中。」等句。嶺上舊有萬松書院，或稱敷文書院，早已荒廢。清雍正八年，補植萬株，惜歲久，松又漸少，難復舊觀。

萬松園　園址在西湖萬松嶺，民國二十二年馬心竹所建。其所居曰石屋，曰雲居，曰南山小築，頗稱幽雅。

敷文書院　舊名萬松書院，在萬松嶺，頗稱宏敞。清康熙間曾重修，今廢。

雙弔墳　在萬松嶺西麓。所葬者姓崔名升，大興人，嘉慶年間，攜妻陳氏至杭，投親不遇，落魄而雙雙自縊。

鳳凰山　鳳山門外，過萬松嶺爲鳳凰山。左薄湖滸，右掠江濱，兩翅飛騫，形若飛鳳。山上有複壽宮，宮前有慈雲亭，亭旁爲慈橋洞。相近有山，上鑴九天瀛洲接音仙池八字。山巓有雙髻峯，及百花點將臺，相傳爲吳越郊臺。

慈雲洞　在鳳凰山嶺。

八蟠嶺　在鳳凰山後，有鳳門泉。

報國寺　在鳳凰山左翼，卽宋垂拱殿。

張勤果公墓　清山東巡撫張曜之葬地，在鳳凰山左翼，報國寺相近。

迴峯　在鳳凰山東，山介亭下有金星洞。

雙髻峯　在鳳凰山頂，有石高數丈。

月巖　在鳳凰山巔。嶺有竅，寬尺餘，秋夜人少賞月，稱奇觀。

排衙石　亦在鳳凰山巔，俗呼百花點將臺者是也。

中峯　在鳳凰山月巖之左峯後有放光石。

通明洞　在鳳凰山中峯下。

聖果寺　一作勝果寺，在鳳凰山中峯上。立於唐。附近多桃樹，產桃殊肥碩，有聖果桃之稱。寺側有郭公泉，寺後有三佛石，又有曜雲石，垂雲巖，歸雲洞諸勝。

梵天寺　吳越王建，在鳳凰山聖果寺南。

（五）西溪區

西溪　在西湖北山之陰，靈隱山之西北，自仙姑山西入靑芝塢，經治華山而至，若由寶石山背行，經秦亭法華安樂諸山。始於松木場，止於留下。路與溪平行，故亦稱沿山河。

松木場　俗呼松毛場，由錢塘門外石塔兒頭，乘杭餘汽車可以直達留下，西溪路之起點也。每年春季進香於靈竺者，大都泊船於此。場西爲古蕩，在秦亭山下，蕩多魚苗。

彌陀寺　在錢塘門外石塔兒頭，過橋卽至。寺內有石經閣，倚石壁而築，石壁高三丈，上鐫彌陀經全卷。
二十六軍陣亡將士墓　在松木場，卽社稷壇故址。

古蕩　在秦亭山西，魚蝦極多，有魚苗出售。

秦亭山　俗稱老和山，在松木場之西相傳爲秦始

皇駐軍之地，山高百丈，周約三里，與西湖北山路之棲霞嶺遙對，其實爲法華山之餘脈也。

法華山　秦亭山之西爲法華山，舊有法華寺，並以晉有法華僧靈跡，故名。山麓有東嶽行宮，俗稱老東嶽祠宇壯麗香火亦旺。秋時有朝審之舉，男女麇集，有礙風化，今漸禁絕。

廟塢　在法華山麓，塢中有法華泉。

東嶽行宮　見「法華山」。

伴鳳居　陸墓周德生昆仲之別墅，在西溪王家塢口。結構精緻，有品茶樓，頗宜憑眺。其他龍歸塢有雲溪山莊，鄭公尖有桂樹山莊神仙宮有風木盦，則丁申丁丙之廬墓在焉。

花塢　由老東嶽向西南行約五里至花塢，爲法華山之塢。途經開化涼亭，風景幽邈，叢林密茂，有如雲樓。白藕香橋至白雲堆一帶，古庵甚多，有九松精舍，法楞庵，精進林，休庵，天泉溪，梅溪庵，溪飲庵，怡雲庵，肯庵，飲峯庵。

眠雲室　一名美音庵，在花塢，當法螺一雨兩峯間。中有柏子堂，香積廚旁有蓑衣泉，相傳中多潛龍，隱現不測。

散花仙館　樂清徐氏別墅，在花塢。

夏定侯氏別墅　在法華山花塢，現非夏氏所有。

錢塘沈六姑墓　姑姓沈，世居錢塘，貞孝烈行，墓在花塢。

古法華亭　在法華山廟塢西二里，因開化庵在其旁，俗呼爲開化涼亭，可供憩息。

石人塢　由開花涼亭西行為石人嶺，嶺半有石如人立，逾此可達靈竺嶺。有石人塢，俗稱楊家牌樓，由此向北即見安樂山，又稱唐家山。高三十丈，周三里，地近留下。

安樂山　見「石人塢」。

永興寺　寺在安樂山下，今廢。

夕照庵　在安樂山麓，晉慧理禪師退隱處。

梅花泉　開化涼亭之西，有泉一泓，滾滾作梅花瓣出，灌溉田畝，並與溪上海花相映成輝，曰梅花泉。相近有金魚井，離汽車站二里許，井產金魚，大旱不涸。

丁立誠墓　在西溪梅花泉上，立誠字修甫，丁申子。

河渚　俗稱河水，亦名南淨河，或渦水，在西溪東北。葭蘆煙水，彌望相屬，景色如畫。

秋雪庵　在西溪東兼葭深處，原名資壽院，又為大聖庵，宋潼川節度使所立。吳興周夢坡曾加重修，以祀浙中詞人。

交蘆庵　即正等院，在秋雪庵東，明萬曆時，僧如覺自龍歸塢徙此，董其昌題曰交蘆，取「根塵識三都無實性，同於交蘆」取佛經義也。亦以庵在蘆中，故名蘆庵。清同治初重修，旁建水閣，奉屬鶚杭世駿栗主。

曲水庵　在交蘆庵左，已漸蕪廢。

竹窗　在河渚，為清高士奇別業今廢。

金魚井　在西溪東嶽汽車站西二里許，井中產金魚，故名。

雲溪山莊　海甯徐棣山別業，在龍歸塢。

桂樹山莊　蕭山陳念祖所經營，在鄭公尖麓。

風木盦　在神仙宮山麓，向依丁氏業。園中栽竹種橘，點綴幽雅，有室曰慕陸。前爲宗祠，後爲松夢寮。其右，多植梅竹。其左依山麓，葱翠欲滴，拾級而升，有品茶處。其旁有泉，曰小龍泓，祠前有鳧戲池，及思親亭。

養福山莊　孫寶琦別墅，在西溪風木盦北。

篤慶山莊　餘杭鄭荊伯子惠冠山奉親頤養之所，在留下東鎮東。

王氏山莊　王文勤公文韶家祠，在上埠嶺。

啓秀山莊　在荊山嶺西，面臨七十二賢峯，爲何學韓學鄭所建。

留下　西溪當西湖區北山路之北，由寶石山背後經彌陀寺，秦亭山等處，沿山十八里爲宋輦道。建炎時欲在此築行宮，後駐蹕鳳凰山下，姑留此地，今稱爲留下鎮，蓋本此。或傳洪楊之役，杭城被屠，惟此鎮獨留十八家，卽俗云張三李四王五趙六，故名。雖屬無稽，然亦可謂盡附會之能事矣。

宋人禁酒牌　在留下西南三里，相傳高宗入村肆，喜其供奉精潔，御書界牌以賜曰，不爲酒稅處是也，今已無跡可尋。

白栗山　宋開慶間董氏築以通江道，在留下鎮西南三里。

大青嶺　在留下鎮西南。

東穆塢　在白栗山東。

趙西塢　在白栗山西。

大嶺　在白栗山，與大青嶺接近。

桐塢　在大嶺西南，塢分裏外，境至幽邃。明亡，陸忠節公培殉於此。

橫山　在大嶺西南，明江元祚築草堂於此，自此而南，可直達江干之朱橋。

龍門山　俗稱小和山，離城可四十里，高百丈，周五里。東爲留下，山峻高峙，爲北澗發源處，上有聖帝廟，下有白龍潭，潭深千尺，奔流潑注，苔蘚陰鬱，寒飆悚骨。

白龍潭　見「龍門潭」。

荊山　在西溪之西北，高二百丈，周五里，中有七十二賢人峯。兩溪夾山行，匯於西溪，荊山東北，則爲餘杭界。

（六）江干區

候潮門外　候潮門在城東南隅，門已拆外爲捍海塘，卽江塘，吳越王錢鏐所築也。渡江卽爲紹興境屬蕭山縣之西區，曰西興。今有汽車可通蕭紹。

錢塘江　本名浙江，自皖之徽州而來。江潮由海逆流而上，受龕赭二山約束，蹙不得騁，起而爲濤，名聞邇遐。以廢曆八月最著，十八日尤盛現錢江大橋已在興建告成後，有利於東南物產之輸運自可預卜。

鐵幢浦　爲吳越王射潮箭所止處。

三郎廟　在候潮門外廟子灣南，渡江碼頭建於此，有錢江義渡局。

靖江王廟　在三郎廟迤南。

安濟廟　俗稱張司封廟，在靖江王廟南。

二涼亭　俗稱總管廟，在候潮門外廟子灣北里許。

海潮寺　在望江門外，亦保巨刹。

包家山　在鳳山間之東南，浙江鐵路所需道石，多於此山開採。舊多桃，故亦名桃花關。有冷水峪，山下爲山川壇。

三一庵　在包家山下，今名三一道院寂眞斗壇。有華藏塔院。

龍山　一名臥龍山，離城約十里，郭璞所謂龍飛鳳舞者是也。山後石突出如龍首，因名。

玉廚山　一作玉池山，又名伏龍岡，爲龍山南支。

桃花嶺　在龍山西，舊有表忠觀，吳越王墓築於此。

育王山　俗呼玉皇山，一名天眞山，爲龍山北支山後通四眼井，山麓現建有林海亭及茶寮。

福星觀　在育王山巓，俗呼玉皇宮。觀中有日月泉及天一池。

七星臺　在育王山，臺有缸，用以鎮壓火災者。旁有七星亭，自臺俯視，有田縱橫齊整，八卦田是也，舊名龜疇田，作蛛網形。明人陳月泉葬此，俗稱陳國老墳者是。

紫來洞　在七星亭下，深約一里。

靈化洞　在育王山巓，亦名登雲洞。

上天眞寺　後梁龍德元年吳越王建，在育王山巓。今不可考。

慈雲嶺　在育王山半，與鳳凰山分界，自方家峪

南上育王山出江口路也。有吳越王四十九字磨崖，慈雲
道院在旁，院內有慈雲洞，院首有慈雲亭。

天龍寺 在慈雲嶺崖有大平興國六年所鑴心經。
左有洞，上鑴「饒雲齋」。

月輪山 在大慈山南二里，龍山之支阜是也。

六和塔 在月輪山頂，或稱六合塔。始建於宋開
寶三年，以鎮江潮。高凡九級，高五十餘丈，中藏舍
利，後燬，紹興十二年重建。二十六年僧智曇因故基成
之，七級而止闌楯網鐸，面面開敞，有磴道可登，環壁
刊經及佛爲作鎮山川之助。元明以來，屢燬屢修，清雍
正十三年，發帑重建；乾隆十六年，清帝南巡，御製塔
記復於塔之七層，各賜御書匾額：一「初地堅固」，二
「二諦俱融」，三「三明淨域」，四「四天寶網」，五
「五雲扶蓋」，六「六鰲負戴」，七「七寶莊嚴」登塔
頂遙望隔江峯巒，晴光掩映。

開化寺 舊名壽寧院，卽六和塔之塔院。僧延
壽所建，後燬，僧智曇重建，改名開化教寺。歲久復
祀，雍正十三年重建，乾隆十六年，御題「淨宇江天」
額。光緒間，朱智捐資重修之。寺有金魚池，秀江
亭，砂井山等跡。

秦望山 在月輪山南，秦始皇東游，登此山欲度
會稽，故名。

駕濤仙館 邑人王錫榮之別墅，在六和塔迤北，
依山面江而建。

之江文理學院 在駕濤仙館右，係美人所辦。

定山 又名獅子山，高七十丈，周七里有奇。謝

靈運詩所謂「定山緬雲霾」是也。江濤至此，輒仰聲。
過是，則雷吼霆怒，在昔以是爲避潮處，山西有龍門，
兩峯壁立如雙牖上有龍潭。

徐村 在定山東北，今通杭富汽車。

范村 在徐村西，卽古范浦。今通杭富汽車。

楊村 在定山西有風水洞。其上又有一洞，洞多
石子，作丹赤色。

浮山 在定山南江面，與漁浦諸山相望。潮來自
海門，分二派，東派沿越岸，向富春；西派直抵浮山，
受激而囘，諺謂之囘頭浪者是也。

（七）吳山區

吳山 吳山爲南山支衍，俗呼城隍山，亦稱胥
山。登山有五路：（一）東路，自大街城隍牌樓而上，
經四牌樓，阮公祠，以造巔。（二）南路，自嚴官巷走
雲居山而上，經潘氏別墅迤北。（三）北路，自十五奎
巷西或大井巷，向環翠樓（卽胡慶餘堂南首）登山經海
會寺，東嶽廟，右過雷殿敬止亭，及王壯愍公祠太歲藥
王等廟（四）西北路，自舊藩司前對巷上寶月山，經峨
嵋庵，省盧，志園，聖帝殿，雲峯別墅而上，又經三官
殿，關帝諸廟。（五）西路，自清波門塔兒頭，經四宜
亭，有四宜別墅而上，其旁卽爲楓林。昔有吳山十景：
曰金地笙歌。曰瑤臺萬玉。曰紫陽秋月。曰三茅觀潮。
曰鹿過曲水。曰鶴步寒山。曰峨眉夕照。曰梧岡飛瀑。
曰楓嶺紅葉。曰雲居聽松。

承天靈應觀 俗稱三官廟，在吳山巔。

省城隍廟 在吳山趙公祠右。廟下有酒仙殿，財神殿，葛仙殿，月下老人祠等。

府城隍廟 在吳山。

倉聖祠 在城隍廟左，祀上古造字之倉頡史皇氏。杭州市教育會設此。

藥王廟 在吳山府城隍廟左，舊名惠應觀。

梓潼行祠 在城隍廟右。

火德廟 在城隍廟右，已燬。

巫山十二峯 由新市場延齡路往南，經運司河下以達清波門內之花牌樓，轉向四宜亭而上吳山，卽見火德廟遺址。址旁有石十二，玲瓏起伏，各具一形，曰巫山十仁峯，其中逼眞者，爲龍虎馬牛等，故俗又呼十二生肖石。

趙恭毅公祠 祀清趙申喬，在吳山，今爲江蘇常州會館。

葉公祠 今改雲峯 別墅，在吳山。

馬葛二公祠 在吳山。

王壯愍公祠 祀清王有齡，在吳山。

寶月山 亦名天井山，在吳山之北，上有烏龍潭。自舊藩司前巷對南上卽達。俗稱螺螄山。

省廬 爲王豐鎬之別業，在寶月山中。今改名竹隱廬。

志園 黃巖喻長霖別業，在省廬前。

螺子峯 螺螄山上有螺子峯，昔有李笠翁之介子園，及毛文龍之毛家園等跡。今皆堙沒。現高州易知新築易園。

鐵冶嶺　在寶月山南，元楊維楨於此讀書，因更號鐵厓。嶺側有郭婆井，黃泥潭等。

七寶山　以山有七寶寺得名，在吳山南。寺後有長沙俞蔭叢別業。

不二草堂　四川劉亞休別業，在七寶寺後。

大觀臺　在七寶山巔，臺今廢。

坎卦壇　在七寶山頂。

汪王廟　祀唐節度使汪華，在七寶山大觀臺側。

青霞洞　在七寶山西麓。

龍神廟　在七寶山西麓。

寶奎寺　宋丞相喬行簡故第，在七寶山西麓，今毀。

三茅寧壽觀　有三仙閣及石龍泉，在七寶山東麓。

通元觀　在七寶山東南麓。

白鹿泉　在七寶山東。

開寶仁王寺　宋紹興間建，在七寶山東。

清平山　在七寶山東南。

開元寺　在清平山，古刹立於唐。

壽春庵　在清平山。

妙峯庵　在清平山。

雲居山　在清平山之陽，與城外萬松嶺接，山西爲楓嶺，以楓葉擅名，爲吳山十景之一。「楓嶺紅葉」者指此。

瑞石山　在吳山東南，元建紫陽庵於此，因有紫陽山之稱。山多古蹟，遵徑而上，曰尋眞路，壁鐫「第一山」及「紫陽洞天」。

雲居聖水寺　在雲居山，宋元祐間，釋了元建雲居庵。元元貞間，釋明本建聖水庵。明初，聖水雲居相併，乃改今名。

潘氏別墅　潘國綱別業，在雲居山。

雲居菴　在雲居山。

祇園庵　在雲居山。

西方庵　在雲居山。

常寂光蘭若　在雲居山麓。

歸雲洞　在瑞石山，天將雨，則雲氣自出，故有是名。

紫陽庵　在瑞石山，今名紫陽別墅，或稱丁仙閣。建於元至元間。

橐駝峯　在紫陽庵側。

紫陽洞　在橐駝峯側，旁有巨石嵌空，名「飛來石」。

丁仙亭　在瑞石山，紫陽庵內，今廢。

寶蓮山　在瑞石山東。

金星洞　宋韓平原閱古堂址，在寶蓮山洞前。

青衣泉　在寶蓮山。

阮文達公祠　在寶蓮山上，祀清阮元，爲重陽庵舊址。

寶成寺　在寶蓮山。

瑞石泉　在寶成寺左。

感花巖　在寶成寺左。

石觀音閣　在寶蓮山汪王廟前。晉天福年就石鐫成觀音像，並建閣，故名。

　　伍公山　在吳山東北，由此西南卽吳山峨嵋庵，位於山西，稱峨嵋山，東爲管米山。昔日尚有崇義八景，今不甚彰。八景卽方竹坪，堆梅坡金粟，葵向亭，夕照樓，峨嵋山館，止水池，宋石幢是也。

　　伍公廟　祀吳人伍員，在伍公山。

　　神霄雷院　舊名玉樞道院，院外有敬止亭。

　　海會寺　在伍公廟後，爲南宋後之古刹。

　　崧公祠　祀清浙撫崧駿，在海會寺側，祠今廢。

　　東嶽中興觀　俗呼東嶽廟，在海會寺西，宋大觀間建。

　　至德觀　俗呼太歲廟，在海會寺西。

　　環翠樓　在伍公山麓，所謂吳山第一泉者是，有大井在樓下。

　　峨嵋山　在伍公山西。

　　峨嵋庵　在峨嵋山

　　淺山　俗呼管米山，在伍公山稍東。

　　崇義祠　在淺山，祀洪楊之亂殉難者。

（八）西湖四時

　　四時幽賞錄，載西湖四時之景，堪玩味。

　　春　孤山月下看梅，虎跑泉試新茶，保俶塔看曉山，西溪樓啖煨筍，初陽臺望新樹，蘇堤觀桃柳，西泠橋玩落花，天然閣聽雨。

　　夏　蘇堤看新綠三生石談月，飛來閣避暑，壓隄橋夜宿，湖心亭採蓴，湖晴觀水面流虹，山

晚聽輕雷斷雨，乘露剖蓮雪藕，看湖上風雨
欲來，步山徑野花幽草。

秋 滿覺隴賞桂花，北高峯頂觀海雲，六和塔夜
玩潮，策杖林園訪菊，西泠橋畔醉紅樹，乘
舟風雨聽蘆。

冬 湖凍初晴遠泛，雪霽策蹇尋梅，西溪道中玩
雪，山窗聽雪敲竹，山頭玩賞茗花，除夕登
吳山看松盆。

西湖十景

西湖十景之名，創自宋畫院祝穆馬遠等。元時又
有所謂錢塘十景者：曰六橋煙柳，曰九里雲松，曰靈石
樵歌，曰冷泉猿嘯，曰葛嶺朝暾，曰西湖夜月，曰孤山
霽雪，曰兩峯白雲，曰北關夜市，曰浙江秋濤。清康熙
帝南巡，御題十景，半仍宋人舊作，勒石建寺，歲久摧
殘，民國二年七月續葺之，而西湖十景之名，遂不湮
沒。至錢塘十景，則鮮有道之者矣。

一蘇堤春曉 隄築於宋元祐間自南山抵北山，夾
道植柳，爲蘇軾所創，故曰蘇公隄。清康熙帝題爲十景
之首，爰建亭於望山橋南，後改岑樓，又構曙霞亭於
後。春時，晨光初啓，宿霧未收，雜花生樹，飛英蘸
波，紛披掩映，如列錦鋪繡也。

二雙峯插雲 南高峯北高峯相去十餘里，中間層
巒疊嶂，蜿蜒盤結，上多奇雲，山峯高出雲表，時露雙
尖，望之如錘，宋人稱爲兩峯錘雲，清康熙帝改雙峯插

雲。構亭於洪春橋側，當兩峯正中，碑亭在後。春秋佳日，憑欄四望，儼如天門雙闕拔地撐霄也。

　　三柳浪聞鶯　柳浪橋，宋時在清波門外聚景園，今無可考，清康熙帝所題之碑，在湧金門南，錢王祠側。背負雉堞面臨方塘，春時柳絲，如翠浪翻空，黃鳥睍睆其間，與畫舫笙歌相應答，今則此景不可復得矣。

　　四花港觀魚　望山橋下水，名花港，通花家山。山下舊有盧園，爲宋內侍盧允升別墅，鑿池甃石，引湖水入其中，畜異魚數十種，園久廢，清康熙朝，建亭於花港之南，旁濬方池，清可鑑底，揚鬐鼓鬣之狀，鱗萃畢陳。亭後有高軒，疊石爲山，栽花作徑，後惟康熙御碑亭獨存，民國紀元後重修，業已恢復舊景矣。

　　五曲院風荷　九里松旁舊有麴院，多荷，宋稱麴院荷風，清康熙帝改曲院風荷。構亭於跨虹橋北（卽六橋之首），東建敞堂三楹，又東爲迎薰閣，又東爲望春樓，前臨大隄，其西則複道重廊，夏景絕勝，今惟殘址，荷亦少矣。

　　六平湖秋月　湖際秋而益澄，月至秋而逾潔。明季，建堂孤山路口，據全湖之勝。清康熙三十八年，構亭於其址，前爲石臺，三面臨水，上懸清帝書平湖秋月額，旁構水軒，每當清秋氣爽，皓月中天，千頃一碧，恍如置身於瓊樓玉宇，非復人間世矣。

　　七南屏晚鐘　南屏山正對蘇堤，在淨慈寺右，寺鐘聲動，山谷皆應，逾時乃息，舊稱南屏晚鐘，嘗改爲南屏曉鐘。蓋夜氣方清，天籟俱寂，鐘聲乍起，響入霄雲，至足發人清省也。清康熙帝仍以晚鐘題之，築亭寺

門之前，面臨萬工池，更勒石於池北，建御碑亭焉。今
池改名放生，更置亭於寺之兩側。

八三潭印月 宋蘇軾宦杭，立塔於湖，著令，塔
內不許侵爲菱蕩。塔如瓶，浮漾水中，所謂三塔亭亭引
碧流是也。明成化後毀，萬曆間濬取葑泥，繞潭作埂，
爲放生池。池外湖心仍置三塔，月光映潭，分塔爲三；
故有三潭印月之稱。池上構亭懸匾，復建清康熙帝御碑
亭於池北，高軒傑閣，渡平橋，三折而入，夜涼人靜，
孤艇沿洄，誠可濯魄醒心，一洗塵俗也。

九雷峯西照 淨慈寺北有峯，曰雷峯，通白雲
庵，吳越王妃黃氏建塔峯頂。每當夕陽西墜，塔影橫
空，舊稱雷峯夕照，清康熙帝改雷峯西照，乃於其西築
御碑亭塔磚皆赤色，藤蘿牽引，蒼翠可愛，日光西照，
與山光對映，如火珠將墜，金鏡初開，誠暮色之最佳者
也。自雷峯圮後，有重建之議。

十斷橋殘雪 出錢塘門，循湖而行，入白沙堤，
第一橋曰斷橋，介於前後湖之間，水光瀲灩，橋影倒
浸。凡探梅孤山者，過此，輒值春雪未消，葛嶺一帶樓
臺高下，如鋪瓊砌玉，清康熙帝題曰斷橋殘雪，構亭橋
上，今亭已廢，橋則改建矣。

其後清浙閩總督李衞增列十八景：曰湖山春社，
曰功德崇坊，曰玉帶晴虹，曰海霞西爽，曰梅林歸鶴，
曰魚沼秋蓉，曰蓮池松舍，曰寶石鳳亭，曰亭灣騎射，
曰蕉石鳴琴，曰玉泉魚躍，曰鳳嶺松濤，曰湖心平眺，
曰吳山大觀，曰天竺香市，曰雲棲梵徑，曰韜光觀海，

曰西溪探梅（編者按：西湖十景，錄自商務本西湖遊覽
指南）。

第五章　游程

（一）一日遊程

上午七時，自湖濱出發，乘汽車人力車或轎子均可。經斷橋白堤至靈隱，折囘至岳廟附近，午膳。經蘇堤至六和塔，歸時約下午二時，換船遊湖。計一日間可遊覽下列各處：

1 斷橋（白堤）	2 藝術院	3 西泠印社	4 蘇小墓
5 岳坟	6 玉泉	7 靈隱（飛來峯）	8 韜光
9 蘇堤	10 虎跑寺	11 六和塔	12 放鶴亭
13 博覽會大橋	14 平湖秋月	15 中山公園	16 湖心亭
17 阮公墩	18 劉莊	19 小瀛洲	20 三潭印月
21 汪莊	22 湖濱公園		

（二）三日遊程

第一日　北山一帶　乘轎　上午八時以前出發

由湖濱經昭慶寺保俶塔葛嶺至玉泉，抄小徑至靈隱。午膳後，經韜光登北高峯，下山至三天竺，循汽車路返湖濱，計遊覽下列各處：

1 昭慶寺	2 保俶塔	3 葛嶺（初陽臺）	4 黃龍洞
5 金鼓洞	6 紫雲洞	7 玉泉	8 靈峯寺
9 靈隱（飛來峯）	10 韜光	11 北高峯	12 三天竺
13 雙峯插雲	14 大禮堂		

第二日　湖上勝境　乘船　上午八時以前出發

自湖濱沿南岸出發，過蘇堤入裏湖，出壓堤橋至西泠印社附近，午膳。遊孤山岳坟過白堤至平湖秋月，

囘至湖濱，計遊覽下列各處：

1 公衆運動場	2 澄廬	3 柳浪聞鶯	4 錢王祠
5 汪莊	6 三潭印月	7 小瀛洲	8 蘇堤
9 花港觀魚	10 高莊	11 蔣莊	12 劉莊
13 郭莊（宋莊）	14 蘇堤春曉	15 阮公墩	16 湖心亭
17 中山公園	18 西泠印社	19 岳墳	20 秋瑾墓
21 蘇小墓	22 西泠橋	23 馮小青墓	24 放鶴亭
25 博覽會大橋	26 平湖秋月	27 藝術院	28 湖濱公園

第三日　南山一帶　乘轎　上午七時出發

自湖濱出發，循南山路，抄滿覺隴，越翁家山至龍井，午膳。經過九溪十八澗，遊覽下列各處：

1 淨慈寺	2 南屛晚鐘	3 雷峯塔遺址	4 張蒼水寺
5 四眼井	6 石屋洞	7 水樂洞	8 烟霞洞
9 南高峯	10 法相寺	11 龍井	12 九溪十八澗
13 理安寺	14 五雲山	15 雲棲寺	16 之江大學
17 六和塔	18 虎跑寺	19 玉皇山	

（三）七日遊程

上所列舉，以輿以舟，或乘汽車，歷時三日，湖山勝概，已足擷其精華，然此乃爲事冗者而設也。其有好遊之士，獲得餘閒能於湖上作七日勾留者，則下列遊程，需時稍久，涉獵較廣，可供參考：

第一日　宜乘筍輿，作南山之遊，自新市場出發，沿湧金門清波門而至淨慈寺。北訪雷峯遺址，西行九曜山下，太子灣前，謁張蒼水祠。西跨石屋嶺，游石屋洞。更前進，至烟霞洞。次上南高峯。下頴秀塢，遊法相寺過風篁嶺，至龍井品茗。西南行，踏九溪十八澗，游理安寺而歸。

　　第二日　遊北山及孤山從新市場放舟湖中，訪摹煙別墅，穠蔭草堂，南陽小廬，九芝小築，來音小築等別墅。更登舟西北行，繫於張公祠畔。登岸步行，遊昭慶寺後，往寶石山麓訪保俶塔，全湖景色，俱入眼簾仍循原路下山，返至張公祠登舟。西過斷橋，沿後湖北岸至葛嶺上岸。拾級登山，游初陽台凌晨登此，可觀日出游畢下山，循湖西行，游玉佛寺，葛蔭山莊，楊莊，諸勝。度博覽會橋，訪孤山放鶴亭，瞻拜林和清墓，並游馮小青埋骨處。再登舟出西泠橋，橋畔蘇小小墓在焉。遊劉公祠，鳳林寺。舟折向東南於廣化寺前上岸，入寺訪六一泉，於此處命舟子泊舟於平湖秋月相竢，次游西泠印社，登四照閣。出社參觀浙江圖書館，登文瀾閣。次遊公園，浙江忠烈祠及國立藝術專科學校（卽羅苑），其旁卽爲平湖秋月，於此乘原舟而歸。

　　第三日　仍游北山，可乘人力車，過岳墳而西，更北進，游棲霞，紫雲，金鼓，黃龍諸洞，出而至玉泉觀魚，又西北至靈峯寺。更東南至靈隱，觀飛來峯一線天入雲林寺。寺旁羅漢堂已燬於火，自此以興登韜光，再上北高峯。遊畢下山，再遊下天竺，中天竺，以至上天竺。可循原途歸，或於靈隱茅家埠僱舟歸新市場。

　　第四日　泛舟湖中，游錢武肅王祠，訪柳浪聞鶯勝跡。舟西行至小瀛洲，遊三潭印月。次訪白雲菴。於是入裏湖，游高莊，小萬柳堂，探花港觀魚。再登舟，遊劉莊，上丁家山探焦石鳴琴處。登舟西北行，遊汾陽山莊，至金沙港，遊唐莊而至岳墳登岸。岳廟建築雄偉，宜往瞻拜。出廟登舟，過阮公墩，至湖心

亭一遊，卽以原舟賦歸。

　　第五日　遊西溪，可乘車往秦亭山至東嶽廟，訪開化涼亭以至花塢。花塢多竹，琅玕一碧，胸臆都暢。遊花塢後，西行游風木盦及其他別墅。前行至留下，乘村中小舟，北游秋雪菴交蘆菴，秋日賞蘆勝處也。遊畢，循原路至吳家河頭登岸，可乘公路汽車歸杭。

　　第六日　遊江干，可乘火車至閘口，登六和塔，瞻眺錢塘江之雄壯。下塔後，可參觀錢塘江大橋工程，並訪之江大學。西南行至五雲山，游雲樓寺更至虎跑寺一游。出寺後可探明杭富路汽車時刻，循公路乘車歸杭。

　　第七日　游吳山，以人力車，至大井巷環翠樓登山，游海會寺。次西南行，遍歷各廟。登紫陽山，俯瞰全城，前江後湖，都收眼底。下山後，可游杭州之清河坊太平坊，繁盛市肆，悉薈萃於此，兼可採購土產。

　　前所舉述，俱以一日爲一路，游者可斟酌情形，自爲次序，因不必拘於孰先孰後也。

（四）東南名勝（自杭州出發）

　　杭州附近諸名勝，若莫干，天目諸山，會稽蘭亭之勝，以及富春江釣台等處，皆可朝發夕還，好游之士，每於倦游湖山之餘，更抽短暑，一涉上述諸勝。杭州中國旅行社每爲料量其事，舟車食宿，無不稱便，廿四年春，浙建廳主持之東南交通周覽會以浙江及鄰近諸省名勝，就公路鐵路所經，訂爲三線，均以杭州爲起點

終點，遊者循此周歷，假以時日，則東南名勝，可飽覽
無遺。茲分錄三線圖表如次：

第一線　出發地　杭州			
經過交通線	到達地	沿途風景區及其交通情形	附註
錢江輪渡	蕭山		兩岸均建有輪渡碼頭
浙贛鐵路杭玉段	金華	諸暨五洩（有人力車道）金華北山（有公路支線）	有尖山祝家大陳等處大橋
衢溫公路	麗水	永康方巖縉雲仙都麗水南明山（均有公路支線）	縉麗段開山工程最巨縉雲■■有大橋
麗龍公路	龍泉		雲龍段開山工程極巨赤石有大橋
龍浦公路	浦城		如交通便利可往遊崇安武夷山
江浦公路	江山	江山仙霞嶺（有公路支線）	仙霞嶺開山工程極巨
杭廣公路	廣豐		如交通便利可往遊貴溪龍虎山
玉廣公路	玉山		
浙贛鐵路杭玉段	蘭谿		江山江東蹟江上山溪靈山江金華江均有大橋
蘭江富春江	杭州	桐廬釣臺（在江邊）	
里程	一一〇〇公里弱	日期	七日 如往遊武夷龍虎兩山約需十一日

第二線　出發地　杭州			
經過交通線	到達地	沿途風景區及其交通情形	附註
錢江輪渡	蕭山		見第一線
杭福公路	曹娥	紹興禹陵蘭亭（水路）	
上臨公路	奉化	鄞縣育王寺天童山（轉鄞穿公路可達）奉化雪竇山（有公路支線）	鄞奉段有元貞江口兩大橋
奉新公路	新昌	新昌大佛寺（有公路支線）	是路開山工程頗巨奉化溪口康嶺各有大橋
杭福公路	永嘉	天台天台山樂清雁宕山（均有公路支線）	沿線開山工程頗巨有蘭演水漲等大橋
衢溫公路	永康	青田石門洞（沿路）南明山仙都方巖（均見第一線）	溫麗段開山工程極巨餘見第一線
永嵊公路	嵊縣		有東江歌山東橋南橋四橋東長段開山工程頗巨
杭福公路	蕭山		
錢江輪渡	杭州		
里程	一一〇〇公里弱	日期	十日

第三線　出發地　杭州			
經過交通線	到達地	沿途風景區及其交通情形	附註
杭徽公路	歙縣	臨安玲瓏山　於潛天目山　歙縣黃山（均有公路支線）	於潛有大橋昱霞段開山工程極巨
蕪屯公路	蕪湖	宣城太白樓（附郭）	甯績段開山工程極巨
京蕪公路	南京		南京風景略
京杭轉省句公路	鎮江	鎮江金焦二山（水路）	
鎮澄錫公路	無錫	無錫黿頭渚（有公路支線）	
錫宜公路	宜興	宜興庚桑善權二洞（均有公路支線）	
京杭公路	杭州	武康莫干山（有公路支線）	吳興有大橋
里程	一二〇〇公里弱	日期	十二日

（五）浙江省風景距杭州里程表（以公里爲單位）

風景區	經過交通線			里程總計
	名稱	到達地	里程	
莫干山	京杭公路	三橋埠站	五一	五八
	莫干支線	到山	七	
玲瓏山	杭徽公路	玲瓏站	五九	六〇
	玲瓏支線	到山	一	
天目山	杭徽公路	藻溪站	七九	九八
	天目支線	到山	一九	
五洩	浙贛鐵路杭玉段	諸暨站	七一	一〇六
	人力車站	到山	三五	
北山	浙贛鐵路杭玉段	金華站	一八四	一九二
	公路北山支線	到山	八	
仙霞嶺	浙贛鐵路杭玉段	江山站	二九五	三五一
	江浦公路	雙溪口站	五四	
	仙霞嶺支線	到山	二	
釣台	杭廣公路	芝廈站	一〇六	一一二
	釣台支線	到山	六	
禹陵	杭福公路	五雲站	五三	六一
	水路	到陵	八	
蘭亭	杭福公路	五雲站	五三	六八
	水路	到亭	一五	
大佛寺	杭福公路	新昌站	一四六	一四八
	大佛寺支線	到寺	二	
雪寶山	杭福公路	新昌站	一四六	二一六
	奉新公路	溪口站	六三	
	入山亭支線	入山亭站	七	
天童寺爲避免曹娥過渡由新昌轉奉新公路前往	杭福公路	新昌站	一四六	二六七
	奉新公路	溪口站	六三	
	上臨公路	甯波站	一一	
	鄞穿公路	幢站	一六	
	小路	天童街	一一	
育王寺	杭福公路	新昌站	一四六	二五九
	奉新公路	溪口站	六三	
	上臨公路	甯波站	三一	
	鄞穿公路	育王站	九	
天台山	杭福公路	天台站	二一〇	二一二
	國清寺支線	到山	二	
雁宕山	杭福公路	白溪站	三六八	三七二
	雁宕支線	到山	寺	

風景區	經過交通線			里程總計
	名稱	到達地	里程	
方巖	杭福公路	嵊縣站	一三四	二六一
	嵊永公路	世雅站	一二〇	
	方巖支線	到山	七	
仙都	杭福公路	嵊縣站	一三四	二九七
	嵊永公路	永康站	一三四	
	衢溫公路	黃碧站	二一	
	仙都支線	到山	八	
南明山	杭福公路	嵊縣站	一三四	三四四
	嵊永公路	永康站	一三四	
	衢溫公路	麗站	七五	
	南明山支線	到山	一	
石門洞	杭福公路	嵊縣	一三四	三八三
	嵊永公路	永康	一三四	
	衢溫公路	官岙	一一五	

杭州城站

第六章　交通

　　杭州交通，火車有滬杭甬路，浙贛路，而錢塘江大橋，將於二十六年十月竣工，滬杭甬綫曹杭段現已開工，浙贛路杭江段亦改換重軌，預定二十六年十月十日舉行大橋及各路通車典禮，屆時以杭州爲中心之東南鐵路交通幹綫，卽告完成。此後上海至甯波，上海至株州，上海至廣州之通車事宜，均以杭州爲聯絡站，故就東南交通形勢言，杭州今後所處之地位，蓋極重要也。

　　浙省公路建設，爲東南諸省之冠，路綫四通八達，均以杭州爲出發點，至於市內交通，亦汽車絡繹，極臻便利。其他人力車，轎子，游艇（卽划子）等，均在市內通行，由市府規定價格，對於外來游客，固極便利。

　　以言電話電報（浙省電話事業之進展，近年一日千里，彰彰在人耳目，無俟贅述），則杭州四處，均設有代辦所；中國旅行社，兼可代發電報，旅客如有委託無不竭誠代辦。茲分述杭地交通概要如次：

（一）鐵路

　　按鐵路行車時刻，時有更改，故本書不爲列入，旅客如有關於時刻及票價等事須詢問者，請向杭州湖濱路中國旅行社詢問，無不竭誠奉答。下表所列，僅述各站站名：

路綫	起站	終站	經過站名
滬杭甬	上海北站	杭州閘口	西站，徐家匯，南站，新龍華，梅隴，莘莊，新橋，明星橋，松江，石蕩湖，楓涇，嘉善，七星橋，嘉興，王店，峽石，斜橋，周王廟，長安，許村，臨平，筧橋，艮山門，杭州，南星橋，閘口。
	曹娥江	甯波	百官，驛亭，五夫，馬渚，餘姚，蜀山，丈亭，葉家，慈谿，洪塘，莊橋。
蘇嘉	蘇州	嘉興	相門，吳江八拆，平望盛澤，王江涇。
浙贛	江邊	玉山	蕭山，白鹿塘，臨浦尖山湄池，直埠，白門，諸暨，牌頭，安華，鄭家塢，蘇溪鎮，義烏，義亭，孝順，塘雅，金華，古方，湯溪湖鎮，龍游，安仁，樟樹潭，衢縣，後溪街，江山，賀村，新塘邊，下鎮，玉山，沙溪，靈溪，上饒，峯領頭，橫峯，戈陽，河潭埠貴谿鷹潭，鄡家埠東鄉下埠，集進賢，溫家圳，梁家渡，蓮塘，南昌南站，南昌北站。

（二）公路

路綫	起站	終站	經過站名
平滬聯運	平湖	上海	虹霓堰，乍浦，全公亭，金絲娘橋，金山衛，金山嘴，漕涇，柘林西新市，南橋，蕭塘。
蘇乍聯運	蘇州	乍浦	平湖平望。
杭溫聯運	杭州	溫州	江邊，蕭山，臨浦，諸暨世雅永康，縉雲麗水，靑田。
臨溫聯運	臨海	港頭	黃岩，澤國，大溪，白溪虹橋，樂清。
京杭直達	杭州	南京	三橋埠湖州長興漂陽句容。
杭屯直達	杭州	屯溪	臨安，昌化於潛，順溪，歙縣，徽州。
杭臨直達	杭州	臨海	藍沿，白鶴殿，天台，高梘，大田。
杭界直達	杭州	界口	富陽，新登，桐廬芝廈，楊村，洋溪，白沙，茶園，淳安，威坪，界口，街口。
杭甬聯運	杭州	甯波	紹興，五雲門，曹娥，曹江，小越，澥山觀海。
義溫直達	義烏	溫州	東陽，永康縉雲，麗水，石門洞，靑田，溫溪淸水埠。
杭州市區一路	拱宸橋	三廊廟	小河，觀音橋，三官弄，武林門西大街，湖濱，羊壩頭，鼓樓，鳳山門。
杭州市區四路	湖濱	轉塘	湧金淸波，淨慈，四眼井虎跑，六和塔，之江，梵村。

路綫	起站	終站	經過站名
杭州市區五路	湖濱	筧橋	官巷口，衆安橋十字路口，慶春門，河土岙罕，下菩薩，弄口。
杭州市區六路	湖濱	留下	昭慶寺，松木場，蠶絲學校古蕩，砲台新橋，新涼亭，東嶽，龍駒塢口，楊安牌樓。
杭長	杭州	長興	武林，小河，彭公，東篁，上柏武康，三橋埠，莫干山，埭溪，菁山，施家橋，湖州，陽家埠，李家巷。
長界	長興	界牌	環橋，大雲寺，澄心寺，泗安，上泗安。
杭乍	杭州	乍浦	清泰，七堡，喬司，翁家埠袁家壩，胡家兜，海甯八堡，新倉，閘口，黃灣，用里堰，澉浦海鹽，前場。
平乍閔	平湖	閔行	虹霓堰，乍浦，全公亭，金絲娘橋，金山衞，金山嘴漕涇柘林，西新市，南橋，蕭塘。
平嘉	平湖	嘉興	新豐十八里橋，東原。
杭善	杭州	楓涇	葵巷口，清泰門，烏龍廟，二堡，四堡，七堡，九堡，十一堡，喬司，裏喬司，湯家橋，臨平，孫石橋科同橋，上墅，崇德，徐家廟，靈安，桐鄉，濮院，國界鄉，嘉興塘匯，南莊石橋，嘉善，楓涇。
臨塘	臨平	塘棲	黃泥壩，小林，超山，界河。
杭富桐	湖濱	桐廬	湧金，清波，淨慈，四眼井，虎跑，六和塔，之江，梵村，轉塘，凌家橋，滕村，金家嶺，祝家村，虎嘯杏，宋殿，高橋，新橋，富陽，太平橋，石塔上，青雲橋橫山，執中享方家井，草鞋庵，金鷄亭松溪，新登，郞家莊，涤渚，謝嶺峴口，胡家埠，謝家，窄溪，店塢，濮家莊，塢泥松溪。
桐建	桐廬	建德	圓圓寺俞趙，蔣家埠，芝廈，安仁塢口，凌上大畈，麻車橋，程頭路邊，楊村橋十里舖。
建淳	建德	淳安	十里舖楊村橋緖塘五舉寺下涯埠朱池，洋溪，白沙埠，上倉，銅官，錦溪，茶園，合洋，西園，舒度州，程家。
淳威	淳安	街口	小金山，獅子口，牛石埠普慈，祠堂，薛村埠，雲頭，威坪，蛟池，界口。
淳遂	淳安	遂安	橫塘橋妥橋界首，項嶺橋牌樓橋，東亭十字牌，章亭。

路綫	起站	終站	經過站名
蘭壽白	蘭谿	白沙	小閣殿，汪高嶺，永昌鎮西胡，上徐諸葛鎮瑞泉金，唐村，烏龍廟大慈岩烏石，南普清潭壽昌，溪灘口淤塌更，樓鎮，白沙村。
衢蘭	蘭谿	衢州	張坑，兩頭門，羅埠，下潘，洋埠，湖鎮，馬報橋，龍游，貴塘山，大路店，安仁，樟樹潭，東蹟。
龍溪	龍游	溪口	波經堂，上圩頭，鵜鴣頭，舉岑脚，冷水靈山。
衢江	衢州	江山南站	十五里，念里街，六都楊，百靈街，航頭大溪灘，窰裏。
衢常開	衢縣	開化	雙港口，萬川，航埠官莊，招賢，澄潭，溪口，水南，常山，朱家塢，璩家渡，文圖，華埠星口。
華婺	華埠	婺源	桐村，楊林東坑口，十八跳，白沙門，九都，梅林。
江廣	江山南站	廣豐	路口，清湖，賀村，淤頭，毛家坂，新塘邊，八都，施村，吳村，普塘，玉田。
江浦	江山南站	浦城	賀村，淤頭，茅坂，大悲山，峽口化龍溪念八都，楓嶺，柳家墩，九牧，漁樑，仙陽。
東長	東陽	長樂	馮家樓，李宅，西宅，樓西宅，歌山，茶場，象崗，胡村，上胡。
東永	東陽	永康	盧宅，前張，后嶺山，高塘，南馬，四路口，橋下朱，古山，世雅，土山頭。
永縉	永康	縉雲	高棠，石柱，前倉，黃碧，外堰，黃龍。
縉麗	縉雲	麗水	東渡，蘭口，東溪，株樹大庭廟，杉樹坑，彭頭，巖泉。
麗龍	麗水	龍泉	沙溪，南山，大港頭，規溪亨，石塘，小順，局村，雲和重湖，臨海洋，赤石，武溪，源口，道太，大白岸，楊梅嶺脚，梧桐口。
麗松	麗水	松陽	樟村，沙溪，南山，碧湖三峯，下樑，保定，堰頭，堰後圩，黃田圩岑底，裕溪，小槎，靖居口，石馬舖雅溪口，港口，水車。
龍浦	龍泉	浦城	牛頭嶺，新嶺頭高大門王坊沙溪，高浦，八都，大灘，木皆口，五都樓，鐘村，花橋，前垟街，三路下，南口塘，富嶺街。
麗溫	麗水	清水埠	前山高鳳岡，蠟口，錦水，小羣，高沙，海口，石門洞，芝溪頭，船寮，靜潭，石溪，青田，溫溪朱塗，垟灣，梅奧，礁頭。

路綫	起站	終站	經過站名
澤清溫	澤國	港頭	天皇大溪，三界橋，湖霧水漲渡，白溪朴頭嶺，清江渡，蕩垟，虹橋，竹嶼，樂清，柳市仙垟，白象，館頭。
蕭紹	錢江	紹興	西興，蕭山，轉壩，莫家港，錢清，吟龍閘，衙前，秦望，阮社，柯橋，彌陀寺，尊儀橋，西郭門，紹興，北海橋，昌安門。
紹曹蒿	五雲	蒿壩	東湖，皋埠，樊江，陶堰，涇口，東關，曹娥，吟江。
蒿新	蒿壩	新昌	小江口，王家匯，章家埠，三界墺浦，仙岩，禹溪，嵊縣，嵊南，阮廟，黃泥橋三溪，新西。
嵊長	嵊縣	長樂	西橋演頭新市蛟鎮甘霖博濟方口。
新天臨黃	新昌	黃岩	拔茅，藍沿，平水廟，班竹，會墅嶺橫板橋橫渡橋，大橋頭上西山，白鶴殿新樓，何方店，泉亭村，天台，東陳，壇頭，山頭羊，洋頭鎮，洪疇戴，高梘仙人橋大道地兩頭門，東塍大田，臨海北，臨海南，汎橋，水家洋黃土嶺。
黃澤	黃岩	澤國	南站十里舖桐嶼，路橋。
路椒	路橋	海門	下洋殿，洪家場界牌頭。
奉新	溪口	新昌	康嶺，三石，柏坑，蹕駐，六詔，剡界嶺，沙溪，唐家州，竹岸，西山，拔茅。
奉海	奉化	甯海	尚田，方門，下陳西塾，大路，梟溪梅嶺，冠莊。
鄞奉	甯波	奉化	段塘，石碶，櫟社，橫漲，前王，江口，橫路。
甯橫	甯波	橫山	福明盛塾邱溢，廻龍，莫文，前徐，冠英，寨基，韓嶺，江潭，管江，鄒溪，犢山，咸祥。
象西	象山	西澤	虎嘯，湯家，三角章家咸庠。
甯穿	甯波	柴橋	福明，盛塾，莘橋五鄉，寶幢育王瓔珞徐洋，大浦，清水陳華，霞浦穿山，江邊。
鄞觀	甯波	觀海	壓賽洪家團橋駱駝，清水，覺渡，澥浦，邱王，龍王，施公，淞浦洋山，裘市，沈師。
慈鎮	慈谿	鎮海	東縣，孔家汶溪，孫家長石，大河，駱駝，貴馬四，後施，俞范。
汶龍	汶溪	龍山衞	淨圓，郎家，十字，河頭邱王。
觀曹	觀海	曹江	洋浦，小橋，樟樹，白沙，澝山，歷山，周巷廊廈，泗門，臨山，高橋，五車小越。
餘澝	餘姚	澝山	橫河，石堰，勝堰。

路綫	起站	終站	經過站名
餘周	餘姚	周巷	■塘，鄭巷，勝堰。
杭餘	杭州	餘杭	武林松木東嶽留下，閑林。
餘臨	餘杭	臨安	石蛤，跳頭，汪埠，石亭，鶴山，牧家橋。
臨順	臨安	順溪	玲龍雅塢，化龍，橫塘，藻溪對石舖，於潛，方圓舖，太陽，蘆嶺舖，昌化，白牛，湯家灣，新溪坑，株柳煩口，白菓莊，嶺下莊。
杭瓶	小河	瓶窰	祥符，勾莊，良渚，長明。
瓶湖雙	瓶窰	雙溪	柴亭，彭公，塘埠石門賜堡橫湖。
餘武	餘杭西門	雙溪	仙宅，邵母長樂，潘坂，彭公。
湖嘉	湖州	嘉興	湖東，八里店，昇山，晟舍，舊館，驥村，祜村，東遷，潯西，潯東，震澤，梅堰平望，王江涇。
蘇嘉	蘇州	嘉興	寶帶橋，吳江，八坼平望，盛澤，王江涇，雙橋。
義東	義烏	東陽	東江橋靑口，下崐溪，十里頭。
浦鐘	浦江	楊家	豪墅嶺合濟橋，後蘆金，前陳，黃宅，鶴塘林村，蔣村。
金永	金華	永康	今古亭仁義里十八里，嶺下朱，摩柯，石塘，包村，下菱道，上菱道，內白，楊公，花街烈橋。
菱武	上菱道	武義	王大路，白洋渡。
杜黃	杜澤	黃甲山	上六村，下余，雲溪。
常玉	常山	玉山	五里亭，十八里，白石街，太平橋，古城，會英亭。
玉廣	玉浮	五都	烏鷹弄大南橋，大南嶺，觀音橋，廣豐。

各路段支綫

路綫	起站	終站	經過站名
安支綫	胡家兜	長安	
袁化支綫	閘口	袁化	
莫干山支綫	三橋埠	莫干山	
雲棲支綫	梵村	雲棲	
轉塘支綫	留下	轉塘	桐塢。
良戶支綫	淩家橋	良戶	
釣台支綫	芝廈	釣台	
小和山山綫	留下	小和山	
玲瓏山支綫	玲瓏	玲瓏山	
天目山支綫	藻溪	天目山	叫口村，白灘溪，門口村，一都。

路綫	起站	終站	經過站名
天台山支綫	天台	天台山	
雁蕩山支綫	白溪	雁蕩山	
仙都支綫	黃碧	仙都	
方岩支綫	世雅	方岩	
北山支綫	金華	北山	
鄞江支綫	橫漲	鄞江	王家，洞橋。
入山亭支綫	江口	入山亭	大埠，畸山，溪口。
南明山支綫	麗水	南明山	

（三）公共汽車

公共汽車路綫表

路綫	站名
一路（拱宸橋三郎廟間）	拱宸橋，武林門，小河，湖濱，官巷口，三元坊，保祐坊，鼓樓，鳳山門。
二路（湖濱拱宸橋間）	湖濱，小河，武林門，拱宸橋。
三路（三郎廟武林門間）	鳳山門，鼓樓，保祐坊，三元坊，官巷口，湖濱，武林門。
四路（湖濱六和塔間）	湖濱，湧金，清波，淨波，赤山埠，四眼井，虎跑，金童橋，六和塔。
五路（湖濱筧橋間）	湖濱官巷口葵巷路，清泰路，慶春門，河埒，下菩薩，衖口，筧橋。
六路（湖濱留下間）	湖濱，松木場，古蕩，老東嶽，花塢，留下。
永華公共汽車（靈隱迎紫路口間）	迎紫路口，昭慶寺，公園，岳墳，玉泉，靈隱。

（四）出租汽車

行名	地名	電話
中國旅行社汽車部　總行湖濱路	分行城站　西冷橋	三五〇〇至一轉接各處
湖濱汽車修理行	聖塘路口	二四四〇
平海汽車行	英士街一一六號	二二二三
大華汽車行	湖濱路四二號之 CD	三四四三

杭州中國旅行社汽車部出租汽車價目表

市區（以新市場爲起點）					
公園	八角	大禮堂	八角	孤山	八角
平湖秋月	八角	武林門	八角	鼓樓	八角
菜市橋	八角	蝶來飯店	一元	西冷飯店	一元
城站	一元	清泰門	一元	大學路	一元
太平門	一元	淨寺	一元	岳坟	一元
松木場	一元	三官弄	一元	玉泉	一元二角
華家池	一元二角	洪春橋	一元二角	玉皇山	一元二角
南星橋	一元二角	寶善橋	一元二角	觀音橋	一元二角
高莊	一元二角	靈隱寺	一元五角	普福涼亭	一元五角
四眼井	一元五角	古蕩	一元五角	小河	一元五角
艮山門	一元五角	下菩薩	一元八角	虎跑	一元八角
拱宸橋	一元八角	龍井	二元	六和塔	二元
閘口	二元	老東嶽	二元	七堡	二元
徐村	二元四角	狗桔弄	二元四角	梵村	三元
筧橋	三元	九溪茶場	三元	防空學校	四元
杭徽路					
留下花塢	三元五角	小和山	四元	閑林埠	五元
餘杭	七元	臨安	十三元半	化龍	十六元半
於潛	二十一元	天目山	二十一元	昌化	廿五元半
湯家灣	二十八元	頰口	三十一元	順溪	三十四元
歙縣	四十九元半	屯溪	五十六元半	黃山	七十五元
杭桐威路					
轉塘	三元	凌家橋	三元五角	滕村	四元
祝家村	五元五角	虎嘯營	六元	高橋	六元五角
富陽	八元	新登	十三元	窄溪	十六元
桐廬	十八元半	釣台	二十二元	建德	廿七元半
茶園	三十四元	淳安	三十九元	威坪	四十五元
杭塘路					
喬司	四元	臨平	五元五角	超山	八元
塘棲	八元五角				
滬杭路					
胡家兜	七元五角	長安	九元	海寧	九元
海鹽	二十元	乍浦	二十三元	平湖	二十六元
嘉興	三十四元	南橋	三十五元	閔行	三十七元
上海	四十五元				
京杭長廣路					
上柏	八元五角	武康	十元	三橋埠	十元
莫干山	十元	湖州	十八元半	長興	二十四元

京杭長廣路					
泗安	廿九元半	宜興	卅五元半	庚桑洞 善卷洞	卅五元半
南京	六十五元半				

市區包鐘點每小時三元一小時爲起碼自出行起算至回行止
包全天以十小時爲限國幣二十元包半天以五小時爲限國幣十二元
結婚車輛第一小時國幣七元第二小時減爲國幣五元第三小時起每小時
國幣三元綵結在內捐費貴客自納
車輛經過商營或商養路綫時其應收通行費過渡費等均歸乘客自納
表內價目係市政府與公路局規定不得折扣但來回另有優待請臨時接洽

地址　湖濱路　電話　三五〇〇　三五〇一

（五）輪船

航綫	起站	終站	經過碼頭
沿海航綫	甯波	溫州	鎮海，定海，石浦，台山，海門，坎門。
	甯波	上海	
	上海	瑞平	
	上海	永嘉	
內河航綫	上海	海門	定海，穿山普陀石浦。
	杭州	桐廬	聞堰，義橋，新壩臨浦，漁山，里山，靈橋，富陽，中埠，場口東梓，窄溪。
	桐廬	蘭谿	嚴東關。
	湖州	嘉興	袁匯，雙林烏鎮，爐頭桐鄉，濮院楊家筧，陶筧。
	嘉興	蘇州	王江涇，平望，扒圾，吳江。
	杭州	湖州	塘棲，韶村新市，千金，菱湖，荻港袁匯。
	杭州	蘇州	塘棲，雷甸泉家潭，菱湖，湖州，南潯，震澤，平望，扒圾，吳江。
	杭州	上海	嘉興。
	上海	湖州	蘆墟，黎里望平，震潭南潯，舊館。
	上海	平湖	黃渡關陽，塘口，塘灣，杜行，閘港，閔行，沙岡，彭渡，葉樹，張澤，松江，朶廟，洙涇胥浦塘，泖口，新埭。
	甯波	西鄔	橫漲橋，六橋，斗門橋。
	甯波	餘姚	丈亭。
	曹娥 蒿壩	蕭山	東關，涇口，陶堰，樊江，高埠，五雲昌安紹興，虹橋，東浦，梅墅，柯橋，錢清楊汎橋。
	瑞安	永嘉	萃塍，塘下，塘口，霞林，帆遊，白象，梧埏。
	臨海	海門	吊魚亭，湧泉，三港口，葭芷。

（六）游艇（卽划子）

杭州西湖游艇價目表

由湖邊至 \ 船別價目	大船		中船		划船	
	單次	來回	單次	來回	單次	來回
斷橋	小洋六角	大洋一元	小洋四角	小洋七角	小洋二角半	小洋四角
平湖秋月	同前	同前	同前	同前	同前	同前
國術館	同前	同前	同前	同前	同前	同前
中山公園	同前	同前	同前	同前	同前	同前
大禮堂	同前	同前	同前	同前	同前	同前
孤山	同前	同前	同前	同前	同前	同前
湖心亭	小洋八角	大洋一元小洋一角	小洋五角	小洋八角	小洋三角	小洋五角
西泠橋	同前	同前	同前	同前	同前	同前
三潭印月	同前	同前	同前	同前	同前	同前
長橋	同前	同前	同前	同前	同前	同前
汪莊	同前	同前	同前	同前	同前	同前
淨慈寺	同前	同前	同前	同前	同前	同前
岳墳	小洋十角	大洋一元小洋四角	小洋六角	小洋十角	小洋三角半	小洋六角
郭莊	同前	同前	同前	同前	同前	同前
劉莊	同前	同前	同前	同前	同前	同前
花港觀魚	同前	同前	同前	同前	同前	同前
高莊	同前	同前	同前	同前	同前	同前
赤山埠	大洋一元	大洋一元小洋六角	小洋七角	大洋一元	小洋四角	小洋七角
茅家埠	大洋一元小洋二角	大洋一元小洋八角	小洋八角	大洋一元小洋二角	小洋五角	小洋八角

（一）大船船長十一公尺以上，載客人數以二十五人爲限，划船載客以八人爲限。

（二）船資以鐘點計至少以三小時。大船每小時小洋四角，全日大洋三元，半日大洋兩元；中船每小時小洋三角，全日大洋二元四角，半日大洋一元六角；划船每小時二角，全日大洋一元四角，半日大洋一元，無論全日半日，概不另給酒飯錢。

（三）如遊客沿湖順路停頓，依表給價外，大船每次小洋三角，中船加小洋二角，划船小洋一角；如停頓時間過久，可照第二條酌加之。

（四）如有地點表上所未列者，可就相近之地點給價。

水樂埠轎價目表

南山水樂洞，今設有水樂轎埠，以便遊客雇乘，如由水樂洞雇轎至各地，價目如下。

由水樂洞至	價目
南高峯	小洋六角
翁家山	小洋四角
翁家山龍井	小洋五角
龍井　九溪十八澗　理安寺	一元
龍井　九溪十八澗　理安寺　徐村　六和塔	一元六角
龍井　九溪十八澗　理安寺　徐村　六和塔　虎跑　四眼井	二元
龍井　九溪十八澗　理安寺　雲栖　五雲山　六和塔　虎跑　上天竺	四元
由水樂洞回新市場	一元二角

（七）電話

杭州公用電話代辦所

（有●符號者可接長途電話）

代辦所	地址	電話
●總局零售處	惠興路業務科	二〇八九
●第一零售處	吳山路陳列館	二七〇〇
●第二零售處	城站站內	二六〇〇
●第三零售處	洋洋橋裏街南支局	南二二〇
●小河	道德堂藥店內	九〇〇三
●三墩	新泰和油坊號內	九〇七四
下羊市街	豫興雜貨店內	一九三七
上馬坡巷	悅昌烟店內	三三七二
大東門	安裕雜貨號內	二七三九
大兜	恆昇鯗行內	九一〇六
●大廟巷	謝天順紙店內	一五一七
王石巷	華成電料公司內	一三二七
●同春坊	同春坊四八號	二〇一〇
羊壩頭	愼餘烟號內	二四九一
車駕橋	恆泰昌號內	三六八〇
官巷口	福壽藥膏公司內	二九三七
岳坟	森大酒店內	二九四〇
金芝廟巷	電報局收發處內	一六三五
松木場	田全源雜貨店內	一九四五
●東河坊	志和商店內	二八四一

代辦所	地址	電話
板兒巷	陳春和紙號內	二九一四
武林門	乾大昌雜貨號內	二七九三
●拱宸橋	拱宸橋利源號內	九〇三三
拱宸橋	電報局收發處內	九〇四一
昭慶路	福興茶樓內	二七四四
祥符橋	鄔鼎豐南貨號內	九二六六
敎仁路	祥昌雜貨號內	三六八二
●筧橋	消費合作社內	二〇七七
章家橋	宓世昌烟號內	一五五三
●陸官巷	久孚雜貨號內	一八九五
●貫橋	同益堂藥號內	二一三〇
●望江門	聚源銀樓內	一二八一
孩兒巷	公和新米店內	三四二四
湖濱六公園	六公園茶館內	二一二四
●湖濱路	中國旅行社內	三五〇〇
●湖墅	萬和北貨行內	九二四八
裏西湖	電報局收發處內	一六五〇
鳳山門	匯羅翻砂廠內	三四八八
弼敎坊	元生石灰棧內	一三三二
鼓樓前	鼎昌烟店內	一三四六
●新民路	生生牙醫局內	三六七九
閘市口	人壽堂藥店內	二九五三
●閘口	陳寶泰柴炭店內	南五〇
葵巷口	恆泰昌紙店內	二四〇七
駱駝橋	達記工場鐘表店內	三六一六
●菜市橋	菜市橋直街二二八號	二八三一
●南星橋	中央轉運公司內	南三九
靈隱	天外天菜館內	二九三四
鹽橋	孫兆芝牙醫室內	三六二四
裏橫河橋	潛友記雜貨店內	一四九三
斷橋	西湖斷橋下塊	二三二二
龍井	徐學鴻住宅內	二六一七
龍翔橋	五安商店內	一二一九

（八）郵政

局名	地址	電話
郵務管理局	城站馬路一號	一六〇八
郵局支局	三元坊二三號	一三九一
郵政支局	清河坊五二號	一二六〇
郵政支局	忠清大街五六號	一一七八
郵政支局	南星橋七號	南一四二
郵政支局	湖墅茶亭廟六號	九一七九
郵政支局	東街路一〇七五號	一一七六
郵政支局	龍翔橋下塊二〇七號	一二六八

（九）電報

收發處	地址	電話
杭州電報局營業處	金芝廟巷一三號	一八〇五
江干電報收發處	江干紅廟前一三號	南一二二
拱宸橋電報收發處	拱宸橋大馬路	九一九四
裏西湖電報收發處	裏西湖七一號	一七〇五
之江大學郵電收發處	二龍頭	南六七
中國旅行社	湖濱路	三五〇〇　三五〇一

第七章　食宿娛樂

（一）旅館

名稱	地址	設備	房間租金	電報	電話	備註
大華飯店	湖濱路	浴室水汀電扇共四十三間多數有浴室	雙人房約二十元及二十二元連膳		一〇〇七一〇〇八	
西泠飯店	裏西湖	浴室水汀電扇有浴室者三十間無浴室者三十間	單人房八元至十元雙人房十六元至二十四元連膳		三〇〇一	
新新旅館	裏西湖	浴室電爐電扇	單人房八元至十元雙人房十五元至十八元連膳不連膳四元至十元		二七八一	新房子三十間內十二間有浴室舊房子三十間均無浴室
葛嶺飯店	裏西湖		不連膳自五元至十元止連膳自六元至十八元止		二九三九	
西湖飯店	湖濱路	浴室水汀電扇共一百間有浴室者二十間	有浴室者自五元至八元八角無浴室者自七角至四元四角飯食在外		二九九七二九九八	陰歷二三四月七八九月無折扣其餘日期八折
清泰第二旅館	仁和路	浴室水汀電扇共有一百十八間有浴室者十間	自八角至六元八角連浴室者自三元起飯食在外		二六五一三五三五	陰歷二三四月七八九月實收其餘日期六折

名稱	地址	設備	房間租金	電報	電話	備註
蝶來飯店	西泠橋邊	浴室水汀電扇共三十一間內十八間有浴室	自三元至十元不連膳均係獨舖只有一間雙舖		一七四〇	膳食每天四元小孩十歲以下每天二元
新泰旅館	延齡路	浴室火爐電扇共九十五間內有十間連浴室	自六角起至六元自五元起有浴室飯食在外		二九七二二九七三二八三五	陰曆二三四月七八九月實收其餘日期六折
杭州飯店	湖濱路	浴室火爐	四角至三元		三二八六	
大上海飯店	湖濱路		六角至六元		二八三八	
環湖旅館	湖濱路	火爐電扇共八十八間內八間連浴室	自六角起至六元四角自五元二角起有浴室飯食在外		二二〇五二二〇六	陰曆二三四月七八九月實收其餘日期六折
清華旅館	延齡路	火爐電扇共七十二間	自七角至五元五角		一八五五一八五六	又
湖濱旅館	仁和路	火爐電扇共八十間	自六角至四元八角		一九九五一九三九	又
敍英旅館	花市路	火爐電扇共一百二十間	單人房六角至二元六角雙人房間一元二角至六元四角飯食在外		三二四〇二五二三	又
東方飯店		共有房間四十二間內二間有浴室	自八角至八元連浴室者有二間六元八元飯食在外		二四一五	又
瀛州旅館		有房間八十四間均無浴室	自六角至六元飯食在外		一三〇一一三〇二三四七一	又
來賓館	劉莊	房間十八間均有浴室	自三元至十元止飯食在外		三四〇四	陰曆二三四月七八九月實收其餘日期對折

名稱	地址	設備	房間租金	電報	電話	備註
滄洲旅館		有房間八十間均無浴室	自八角至六元止飯食在外		三三六八三三六九	陰歷二三四月七八九月實收其餘日期六折
清泰第二旅館	西天目山新村	佈置摩登	自一元起六元止西餐四元每天			

（二）菜館

名稱	地址	電話
小有天	新福元路七四號	二二九四
三義樓菜館	仁和路一二一號	三五九一
大來川菜館	英士街一一一號	一五九五
大同川菜社	英士街一一三號	二八七三
太和園菜館（以醋溜魚馳名）	南星橋五七號	南　六四
太和園菜館	西湖公園路三一號	二三八七
天眞消閑西菜館	湖濱路六九號	二一九八
天香樓酒菜館	花市路四九號	二二三三
北部	花市路五〇號	二八七八
禮堂		二二一一
西悅來菜館（以滷鴨馳名）	迎紫路九〇號	二四一一
杏花村大菜館（中菜）（以醋溜魚及蓴菜馳名）	西湖岳坟街三六號	一九三四
青年會大菜間	青年路四七號	一二七八
杭州功德林素食處	龍翔橋一九九號	三一一九
高長興平津菜館	延齡路二七號	一五〇三
聚豐園眼房（以神仙鴨大拷鴨馳名）	迎紫路四三號	一二四二
樓上		一二四一
廣東聚賢館	花市路八一號	三三二四
精美菜館（小吃）	仁和路五二號	二二〇二
樓外樓	外西湖三七號	二七九二
素香齋老店素菜麵館	延齡路三六號	一六四〇

（三）飯店

名稱	地址	電話
王潤興飯店（家鄉肉魚頭豆腐）	延齡路七七號	三四九七

（四）點心

名稱	地址	電話
知味觀（小吃）	仁和路一〇三號	二六〇二
冠生園西湖飲食都（中西餐）	花市路八八號	一六九〇
素馨齋素麵館	延齡路一一五號	三六〇五

（五）酒店

名稱	地址	電話
朱恆昇西號酒社	仁和路九九號	三一一七
朱恆昇東棧酒社	東河坊路九七號	一四七七
朱萬茂紹酒行	珠兒潭一號	九二九八
同昌福紹酒棧	珠寶巷民權路一號	一五六七
金瑞興陳酒店	保佑橋弄九號	二五一一
金瑞興陳酒分店	花市路八六號	二一六五
沈永和酒廠杭州老店	忠清大街五七號	三六五〇
碧梧軒陳酒家	延齡路一七九號	一二三八
德順棧酒行	湖墅米市巷四一號	九二七四

（六）茶樓

名稱	地址	電話
一樂天茶社	仁和路一〇八號	二七五一
西園	湖濱路四五號	三三六〇
賬房		三三五〇
新新茶園	延齡路	二〇一一
湖山喜雨臺	延齡路七三號	三三四三
雅園茶店	延齡路六四號	二一四四
觀海樓茶園	三廊廟四一號	南一七九

（七）娛樂

名稱	地址	電話
大世界商場	仁和路七五號	三六四二
賬房		三六〇一
杭州影戲院	福元路五五號	一一二五
聯華大戲院	延齡路龍翔橋	三二八五
浙江大舞臺	延齡路九二號	二〇八八

第八章　名產

物品	出產地	出售店號
火腿	金華	方裕和，金華，大東陽，胡恆昌，萬隆。
茶葉	西湖龍井	翁隆盛，方正大，亨大。
藕粉	西湖	九溪茶場。
家鄉肉	本地	萬隆。
剪刀	本地	張小泉近記。
綢緞	本地	老大綸，恆豐九綸，萬源。
布	本地	高義泰。
絲織品	本地	都錦生啓文絲織廠，國華西湖美術廠。
紙傘	本地	孫源興。
紙扇	本地	舒蓮記，王星記。
花粉	本地	孫鳳春。
絲綿	本地	老恆泰。
墨筆	本地	邰芝巖，石愛文，胡開文。
蓴菜	西湖三潭印月	方裕和。
國藥	本地及各地	胡慶餘堂，葉種德堂，萬承志堂。
榧子 山核桃 橄欖	諸暨 餘杭 本地	方裕和。
甘蔗 枇杷 楊梅	塘棲	各水菓店。

廣告

旅行雜誌

按月出版

▲印刷精美　內容豐富▼

每期實售洋三角

預定全年三元郵費外加

中國旅行社發行

天目旅館

遊覽天目山唯一駐息所

房間價目

頭等	二等	三等	四等	五等
每天八元	每天六元	每天四元	每天三元	每天二元

地址

西天目山天目路一號

電話

長途直線直達

杭州＝羊壩頭

老大綢緞局

花式超越時代
定價合乎經濟
遊杭仕女
趁機選購
餽送親友
最為合宜

電話＝三六八七

杭州　西冷飯店　LAKEVIEW

電報掛號（冷）三二一三三

電話　三〇〇二一

杭州最新設備之飯店

游客自杭州
城站下車後
請就近僱用
中國旅行社
汽車取值低
廉服務周到

杭州中國旅行社

杭州中國旅行社汽車部總站

中國近代歷史
城市指南

City Guidebooks of Modern China

Hangzhou Section

杭州篇

遊覽杭州西湖新導（1946）

杭州市街明細全圖一大張

各路火車、汽車、輪船、快船行駛時刻表

增訂三版　遊覽杭州西湖新導

宋經樓書店印行

中華民國三十四年十日初版　二千本

中華民國三十五年二日二版　三千本

中華民國三十五年四日三版　六千本

遊覽杭州西湖新導

編者　守安

發行者　杭州新民路一七九號　電報掛號一三四五

不准翻印

板權印記

遊覽杭州西湖新導序

孟輝　陳寶煥

　　惠州有西湖，潁州亦有西湖，而杭州之西湖特著。唐時白太傅自錢塘門築隄達孤山，而湖之風景，始見於長慶詩集。及宋蘇東坡加築一隄，自北山抵南山，西湖之名勝，益昭彰於耳目。

　　予於光緒甲申之春，始遊西湖，胸襟爲之一曠，搜覽尤備，於是文瀾閣、俞樓、左、蔣、劉、李之祠、岳武穆于忠肅墓、放鶴亭、呼猿洞，臨水登山，應接不暇。民國改元廢旗營，建公園極力經營，湖山增色，世際承平，尤爲賞心樂事。丁丑事變，姹紫嫣紅，付與頹垣斷井，識者傷之。今則華夏重光，當道汲汲於治理。嘗謂自三潭印月，繞湖心亭，抵阮公墩，可再加築長隄一道，直至公園。環湖之山，均可種植森林以蓄水勢，湖道畫爲方罫，仿鴛湖之制，分蒔菱、茨、茭、藕，如是則風景旣佳，出產亦富，詎不快哉。

　　宋經樓主人韓守安，風雅中有別裁，編印遊覽杭州西湖新導等書，爲南鍼指示。推廣四方，又付三版。予喜其繼陳起之後塵，因揮毫而爲之敍云。

杭州市街明細全圖

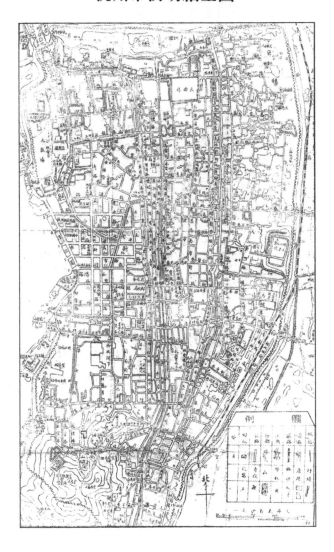

遊覽杭州西湖新導目錄

序
杭州市街明細全圖

杭州市概說

甲　西湖區
　　　沿湖一帶
　　　孤山一帶
　　　葛嶺一帶
　　　北山一帶
　　　南山一帶
乙　城市區
丙　江干區
丁　拱宸湖墅區
戊　西溪區

遊客須知

（一）良辰佳節
（二）墩覽交通
（三）旅館
（四）酒菜館
（五）特產
（六）各路火車汽車輪船快船行駛時刻表（附）

杭州市概説

遊覽杭州西湖新導

杭州市

　　杭州本禹貢揚之域，春秋爲越西境，戰國屬楚。秦劃餘杭等縣爲會稽郡。漢因之，後漢屬吳興郡，晉及宋，齊，梁，因之。陳置錢塘郡，屬吳州。隋廢郡置杭州。是杭州之名，自隋始。隋後改爲餘杭郡。唐仍置杭州。五代錢武肅王建吳越國，都之，稱西府，又稱鎮海軍。宋仍稱杭州。以錢塘仁和爲首縣。宋高宗南渡，升杭州爲臨安府。錢氏五王，趙宋七帝，均建都於此，元改稱杭州路。明仍稱杭州府。清因之。民初廢府，併仁錢二縣稱杭縣，爲浙江省會。民國十六年，革命軍底定浙江，五月劃城區及附郭爲市區，鄉區仍置杭縣。地居錢江下流岸，當運河南終點，控扼全浙。且內包吳山，西臨西湖，風景靈秀，舉世豔稱，自五代時吳越錢武肅王，在疊雪樓射潮築塘以後，人民始免其魚，遂歷爲我國政治文化藝術之中心。流風餘韻，稱盛千餘年而不衰。杭州廟宇較多，均爲錢氏所倡建，今人又多稱爲佛國也。近年市政當局，更極力整理，交通暨各種遊覽設備，日增月盛，每年中外遊客，爭相觀光，漸有成爲國際市之趨勢焉。茲將市內名勝，簡分爲西湖，城市，拱宸，湖墅，西溪等五區，擇要分述於後，以便遊者。

甲、西湖區

　　杭州西湖，今已名聞中外，有東方瑞士之稱。在唐以前尚不著名，自李泌鑿通湖流，白居易蘇軾相繼出守是土，築以二長堤後，成爲騷人，墨客，高僧，名妓等寄跡之所。宋高宗南渡，都於臨安（杭州）西湖之笙歌金粉，盛於全國：清高宗先後臨幸名益大著，洪楊兵燹，經邑紳丁申丁丙言於大吏，次第仍復舊觀，爰設濬湖局從事修濬，光復後改爲西湖工程局。民國十六年杭市府成立，由工務科負責整飭，邇年園墅祠廟，新築甚多，環湖馬路次第興築，交通便利，省府并有導遊局負責指導遊侶，中外遊士漸感便利矣。

　　西湖初名錢塘湖，因湖中時見金牛，謂爲明聖之瑞，故又有明聖湖金牛湖之稱。唐白居易作石涵以洩湖水，因稱石涵湖。其水東北輸者，時人以爲下湖，因有上湖之稱。宋王欽若以全湖爲放生池，又稱爲放生池。蘇軾作堤分湖爲二，遂稱爲裏湖外湖。東坡有「若把西湖比西子」句，又有西子湖之稱。宋高宗南渡，西湖歌舞，盛極一時，又有「銷金鍋」之稱。明孫一元本李白與尚書郎張渭泛污川南湖，因改郎官湖故事，故有高士湖之稱。古樂府「西陵松柏下」謂卽指錢塘西湖。史達祖又有「船向西陵佳處放」之句，因有西陵之稱，或稱西泠。歷來名稱雖不一，而湖在城區西，通稱爲西湖。

　　西湖周三十餘里，面積約佔十六方里，三面環山，一面臨市，谿谷縷注，有淵泉百道，瀦而爲湖，蓄

潔停深，圓瑩若鏡。中有孤山，峙於水心，山前爲外湖，後爲後湖，西互蘇堤，堤內爲裏湖。湖水甚淺，積泥甚厚，俗有香灰泥之稱。外湖中有三潭印月，湖心亭，阮公墩，合成品字形。若登葛嶺初陽台，南北二高峯，及丁家山青龍山，則全湖形勢，一目瞭然也。

　　西湖諸山，遠自仙霞，近自天目天門飛舞而來。聳峙於西，是謂天竺。自此蜿蜒而東而南，爲龍井，理安，南高，煙霞，大慈，玉岑，靈石，南屏，龍，鳳凰，吳，總稱南山，自天竺而北，爲靈隱，北高，仙姑，棲霞，寶雲，寶石，總稱北山。兩山分峙，中抱西湖，層巒疊嶂，奇峯怪石，洞壑流泉，溪澗竹樹，多在西南隅；西北接西溪，東南與江干諸山脈相接，陟登吳山高峯，則錢塘江與西湖，杭市形勢，一覽無遺，形勢壯麗，爲東南一大都會也。

　　西湖名勝，屈指難數，如西湖十景，錢塘八景，二十四景等景目，歷代流傳，最爲著名。西湖十景卽（1）蘇堤春曉，（2）柳浪聞鶯，（3）花港觀魚，（4）曲院風荷，（5）雙峯插雲，（6）雷峯夕照，（7）三潭印月，（8）平湖秋月，（9）南屏晚鐘，（10）斷橋殘雪，等是。錢塘八景係（1）六橋煙柳，（2）九里松雲，（3）靈石樵歌，（4）孤山霽雪，（5）北關夜市，（6）葛嶺朝暾，（7）浙江秋濤，（8）冷泉猿嘯等是。二十四景謂（1）湖山春社，（2）玉帶晴虹，（3）吳山大觀，（4）梅林歸鶴，（5）湖心平眺，（6）寶石鳳亭，（7）焦石鳴琴，（8）玉泉魚躍，（9）鳳嶺松濤，（10）天竺香市，（11）韜光觀海，（12）雲棲梵

徑，（13）西溪探梅，（14）小有天園，（15）漪園，
（16）留餘山居，（17）篁嶺卷阿，（18）吟香別業，
（19）瑞石古洞，（20）黃龍積翠，（21）香臺普現，
（22）澄海樓，（23）六和塔，（24）述古堂等是。然
亦未能抱括西湖風景之全部，在景目之外，如五雲山之
高聳，龍井虎跑之山泉，理安寺外之九溪十八澗，煙霞
石屋紫雲之古洞，吳山之寺廟，靈隱飛來峯之石刻，以
及孤山北岸諸祠宇，墓墳，橋堤，園墅等均彰彰在人耳
目，爲遊者所必至。茲將西湖名勝，再分爲沿湖一帶，
孤山一帶，葛嶺一帶，北山一帶，南山一帶等五大部
份，擇其重要名勝，古跡，山水，寺塔，祠宇，莊園，
墳墓，以及其他建築等，分述於後。

（一）沿湖一帶

【湖濱公園】　在新市場瀕西湖之東岸。新市場本爲清
之旗營城，禁止漢人出入，光復後廢營去城，闢爲市
場，以沿湖之基築路，曰湖濱路，而以離湖岸起二十公
尺之地，平草設欄，廣植花木，置坐椅供遊客休息，稱
爲湖濱公園。南自公共運動場起，迤北里許，依橫路公
段，爲第一、第二、第三等公園，船埠亦依之分爲第
一、第二、第三等埠。民國二十年春，市府復以長生路
口以北，舊錢塘門沿湖之地，利用濬湖淤泥，塡爲平
原，中植花木，佈置益新，在此前矚平湖，水光接天，
微波蕩漾，一碧萬頃，春秋佳日，遊憩其間，胸襟開
爽，俗慮盡消。園內有國民革命軍北伐陣亡將士紀念
塔，陳英士烈士銅像及八十八師紀念塔等，憑湖矗立，

極爲雄壯。

【湖心亭】　居全湖中央，爲明知府孫孟建，初名振鷺亭，清聖祖題曰「靜觀萬類」繞亭皆水，環水皆山，故「湖心平眺」，爲十景之一。

【三潭印月】　爲湖心亭南，爲十景之一，有小石塔三，鼎崎水中，昔人謂三潭深不可測，建以鎮之。繞潭作堤，近改闢馬路，置坐椅於垂楊陰下，坐憩皆宜。自南岸登，清聖祖御碑亭後，石橋曲折，旁護朱欄，再進爲迎翠堂，關帝廟，卍字亭，浙江先賢祠，有疊石峙立池心，卽小孤山也。潭後臨湖，有精舍額曰「小瀛洲」夏時池荷甚多。

【阮公墩】　在湖心亭西北，清阮元開濬西湖，棄土於此，故名。今爲杭州市童子軍露營場。

【戚繼光紀念塔】　在中山公園對面湖中，舊爲西湖博覽會之紀念塔，建築爲西式，有梯可登塔頂，眺矚絕佳。

【蘇堤】　宋元祐間蘇軾守杭，開濬西湖，以葑泥積成。南自南屏，北接岳廟，綿亙五里許。因分湖爲裏外二部。舊時夾道植柳，故有「六橋煙柳」之稱，清雍正重修，近經市府迭次修整，重砌堤岸，培植苗園，花木繁盛，十里長虹，煥如雲錦。中有六橋，自東南而西北，第一橋曰映波，通赤山埠；第二橋曰鎖瀾，通赤麥

嶺；第三橋曰望山，通花家山；第四曰壓堤，通茅家
埠；第五橋曰東浦，通麴院；第六橋曰跨虹，通耿家
步。稍北卽西泠。蘇軾詩云：「六橋橫絕天漢上，北山
始與南屏通；忽驚二十五萬丈，老蛟席券蒼煙空。」可
謂描寫盡緻。

【湧金門】　　湧金門係北宋時城門名，謂其地卽古金牛
出現之所，古名。城垣未拆前，爲遊湖要道，頗爲繁
盛，今已蕭條。僅遊南山者假道於此。惟具地風景清
幽，新築上等住宅頗多。近湖有問水亭遺址，附近有放
廬，爲里人黃姓別業，廬旁有味草堂。沿湖西北爲亭子
灣。杭市最新建築之大華飯店，北爲公共體育場，場係
宋環碧園址，清爲校閱之所。稍西爲滌塵湖舍。

【錢王祠】　　在清波門之外，舊名表忠觀，祀吳越錢武
肅王，暨文穆王，忠獻王，忠遜王，忠懿王。當五代之
時，武肅王捍海築塘，興農桑水利，以保衛浙江。於浙
江民功惠極大。祠有清聖祖題「保障江山」額。雍正間
重建。祠前有功德坊。俯臨湖岸，平堤垂楊披波，萬綠
中，碧殿丹宮，掩映林表，景極壯麗，祠內鑲有蘇軾書
表忠觀碑文盛稱錢氏有德于民甚厚，碑古而字亦雄健。
另有錢士靑所刻之五王世家碑文，係滇人陳度所書。可
稱雙絕。附近有學士橋，望湖亭等遺跡。錢王祠多桂
花，秋日往觀者甚衆，入門則花氣迎人，如入衆香國
裏，亦佳景之一也。

【柳浪聞鶯】　在錢王祠右，爲十景之一。原有柳浪橋，宋時在清波門外聚景園中，今無可考，亭中碑曰「柳浪聞鶯」爲清聖祖康熙三十八年題。

【夕照寺】　爲吳越錢王建，初名顯嚴院，後改爲夕照寺，雷峯塔院也。旁有紅籟山房，爲粵人李茂所建。

【汪莊】　在夕照寺之東，爲滬上茶商汪氏別業，佈置雅潔，有精室藏古琴頗多，並發售西湖名茶。

【漪園】　明末稱白雲菴，雍正時郡人汪獻琛重加修葺，改稱慈雲。增構亭榭，雜蒔卉木，治堤築橋，以通湖水。清高宗賜名漪園，下爲月下老人祠，其籤詞均集成句。

【雷峯塔遺址】　在淨慈寺前，昔雷姓築庵居此，故名。又有中峯，囘峯之稱。吳越錢忠懿王妃黃氏建塔其上，名雷峯塔亦名黃妃塔，或呼爲黃皮塔。每當夕陽西下，塔影橫空，故有「雷峯夕照」之稱。民國十三年九月，塔忽傾圮，磚內發現寶篋印經。完全者價值千元，而不易得。現僅爲遺址，供入憑吊而已。聞近有人擬募款重築，以復舊觀。

【淨慈寺】　在南屏山麓，爲吳越錢王弘俶所建，號慧日永明院。宋改淨慈報恩光孝禪寺，明兩燬兩建。清聖祖南巡，書淨慈寺額及「西峯」二字，并發幣重修。洪

楊復燬，今重建大殿，壯麗可與雲林相埒。寺內香積廚
旁有神運井，傳爲濟顚自此運木建寺遺跡，因井中今存
餘木也，寺後有蓮花洞，石佛洞，稍西爲高士塢，又西
爲小有天園，蓋爲汪氏別業。園中幽居洞，琴台，丹
崖，摩崖石經，及南山亭等勝，率破損。寺南有恆居，
爲清顧浩丁月如伉儷別業。有居然亭絕勝。東南有崇明
書畫家童叔平墓，環植梅花；西有重建之兩浙節孝祠，
寺外爲赴南山之大路，有杭富長途汽車及市區第四路公
共汽車均設站於此。

【張蒼水祠】　在南屏山麓，太子灣前。祀明僉都御史
張煌言。祠址甚廣，夾徑徧植松檜，池樹參錯，境頗幽
靜，其墓碑爲清全祖望文，梁同書字。

【赤山埠】　在蘇堤映波橋西南，地當赤山，下通小南
湖，爲遊南山要道。西爲玉岑山，水曲爲浴鵠灣，元張
伯雨結廬於此，額曰黃篾。兩山間有惠因澗，有鐵窗
櫺，水自窗櫺出，折入西湖，有法雲寺，面臨玉岑，爲
吳越錢王建，舊名惠因院，宋高麗國王子入貢，因從學
於寺僧淨源，故又有高麗寺之稱。清乾隆二十二年賜名
法雲講寺。山陰有筲箕泉，元時黃公望居此。

【蔣莊】　卽小萬柳堂。瀕小南湖，在映波銷瀾二橋
間。本爲無錫廉惠卿所建，與其婦吳芝瑛偕隱於此，今
歸上元蔣氏。

【錢莊】 卽湖外湖莊，與蔣莊比鄰，爲廣德錢士靑之別墅，建築樸雅，全係華式，瀕小南湖，面臨南屛九曜諸山。湖光山色，風景極佳。鄭太史沅有聯贈錢氏云：「久官兩江，息影錢塘，羨頻年松菊盤桓，與彭澤歸來相似；遍遊重瀛，放懷歐陸，問此地湖山名勝，比瑞土風景如何。」錢氏亦有一聯云：「從東西各國游歷言旋，宦海息征驂，好領略三竺煙霞，六橋風月；與南北兩峯比鄰相望，聖湖營別墅，放眼看千條楊柳，萬頃芙渠。」

【花港觀魚】 在映波，銷瀾二橋間，爲十景之一，有亭榭可小息。

【高莊】 卽紅櫟山莊，與花港觀魚相接，爲邑人高雲鱗別墅。結構精雅，秋菊冬梅，遊者輒賞玩不已；爲湖上別墅中之最早者。清俞樾有聯云：「選勝到裏湖，過蘇堤第二橋，距花港不數武；維舟登小榭，有奇峯四五朵，又老樹兩三行。」殊工切。

【于墳】 在南北二高峯之東北，三台山麓。明少保于忠肅公謙，遭誣死，其子冕奉喪歸葬於此。後冕亦附葬焉。祠曰旌功，建於明成化二年。每秋月，杭人蠲潔於祠中祈夢者甚多。

【劉莊】 卽水竹居，在丁家山前秀隱橋西，爲粵人劉學詢所建，樓閣亭榭，極其宏麗。中有迎賓館，面臨湖

山，最得天趣，幷可供遊客住宿。左爲家祠，牆外爲其坟墓，係白石造成。後有法公埠，爲粵人李茂別業。

【丁家山】　古名一天山，爲南高峯支脈。在金沙堤西南。與北岸棲霞相對。西沿麥嶺，三面無鄰，又名小孤山。臨湖有長長堤二十餘丈，植桃甚多。有亭曰桃源渡，左右荷塘稱藕波陌；山腰有清李衞所建舫室，軒檻凌虛，恍若浮槎天漢。舫前奇石林立，狀類芭蕉，石根天然。一池有泉自石罅流出。磴道南有石壁丈許，前一巨石，卓立如屏，謂之蕉屏。內置石牀石几，瑩潤無塵。景目中之「蕉石鳴琴」卽指此。再上到巓有康有爲所建之一天園，俗稱康莊。近已闢爲公園，其地背倚南高，望郎當嶺，林木蓊鬱，觀錢江蘇堤如帶，杭市如掌，風景甚佳。

【茅家埠】　在大麥嶺後，花家山下，爲一小市鎮，通天竺龍井之要道。凡南山龍井諸泉，及北山分流之水，皆自此入湖，有臥龍橋可通舟楫，有玉壺春在橋旁，可以小酌。

【宋莊】　在臥龍橋外，爲清季邑人宋端甫建，今屬汾陽郭氏，故又稱郭莊。

【金沙堤】　在蘇提之西，近金沙港故名。通裏六橋，與蘇堤之東浦橋縱橫相接，爲清總督李衞所築。堤半有橋曰玉帶，以橋有三洞，狀如環帶故名。昔日橋上搆飛

亭，夾以朱欄，繞以桃柳，晴波倒影，宛若長虹亘空。
增修二十四景之「玉帶晴虹」即指此。

【**曲院風荷**】　爲十景之一。在跨虹橋西。宋麯院在金
沙港西北，因其地多荷，故名「麯院風荷」清聖祖南巡
改今名，後屬崇文書院。

【**竹素園**】　在岳廟西南，旁有浙江先烈祠，舊爲清左
文襄宗棠祠，改祀清末革命烈士徐錫麟等。前臨金沙
澗，舊爲湖山春社，中奉花神。清雍正間，李衛建。迤
西一隅，清泉從竹徑出，有蘭亭曲水之致，闢地爲園，
盛蒔化木，中構高軒。清聖祖題有「竹素園」額。右爲
溪流，屈曲環繞，有流觴亭，臨花舫，水月亭，聚景
樓，觀瀑軒，泉香室諸建築。

【**岳王廟**】　又稱忠烈廟，在棲霞嶺下，裏湖之岳湖北
岸，祀宋少保岳忠武穆王。經督辦盧永祥省長張載陽先
後募款重修，故今日廟貌宏麗，爲湖上諸祠冠。前有石
坊題「碧血丹心」四字，正殿奉王像，後殿供王父母
像，旁配五婦暨王女銀瓶，墻張憲，五子五媳，則在兩
廡，廟右有亭，保存精忠柏化石數段，扣之作金石聲。
西側爲岳王及其子雲墓。前爲秦檜，王氏，万俟禼，張
俊四鐵像，反接跪露台下。廟前多食肆果攤，宛成小
市。附近有皖人劉更生別墅，曰道村。

【**鳳林寺**】　俗稱喜鵲寺，在葛嶺西。爲唐鳥窠禪師道

場。禪師名圓修，居此四十餘年。有大松盤屈如蓋，乃
棲止其上，後有鵲馴擾巢於側，人遂以「鳥窠」名之。
明宣德間，僧如月重建，敕名鳳林寺。西有君子泉，寒
冽而深，若方沼然。

【宋義士武松墓】　在西冷橋西，前係荒塚，刻已修理
完整，旁有女俠秋瑾墓，墓前有風雨亭，東有清鄭貞女
淑娥墓，西有陶成章等烈士墓，秋陶各墓圍牆，現已拆
去，故沿路以可見湖，免去障礙，較前爲佳，旁有龐氏
永賴祠，劉果敏公祠，均面外湖。

【蘇小小墓】　在西冷橋側。小小，南齊時人，爲錢塘
名妓。相傳墓在西冷橋畔，卽古樂府錢塘蘇小小歌所
謂：「何處結同心，西陵松柏下」者是也。其東爲清末
松風上人之塔。松風本白衣寺僧，爲佛教總會發起興辦
佛學而捨身者。

【勞莊】　卽西冷飯店，占地優勝，風景超絕，有望湖
亭，凌雲閣，迎風座，環翠閣，採香徑等名稱。係邑人
錢士靑所題並各繫以詩。

【楊莊】　在招賢寺（卽玉佛寺）西北。爲清直隸總督
楊士琦之別業，今歸嚴姓。

【葛蔭山莊】　在孫直齊別業東，沈氏業。

【大禮堂】　在葛蔭山莊之東，爲民國十八年西湖博覽會之禮堂。會後改稱西湖大禮堂，建築宏大，結構富麗，可容千餘人。面對孤山，與新建大木橋相接，今具已拆去祇留遺蹟。

【堅匏別墅】　在小石山東南，爲清吳興劉錦藻建，故俗稱小劉莊，倚山臨湖，風景頗佳。旁爲夏侯廟，鞋業中人建。又有宋孫花翁墓，翁名惟信。字季藩，棄官隱於西湖，長工短句，好蒔花，因自號花翁，卒後，友人爲葬於此。

【大佛寺】　在寶石山南麓，爲宋僧思淨建，中奉大石佛；或傳其頭爲宋賈似道用以繫纜之石碖，或以爲係秦始皇纜石船。今佛頭蒼苔斑駁，難以辯認。右爲彌陀院，建於清光緒時。

【斷橋】在白沙堤東，宋名寶石橋。宋錢惟善有「阿娘近住段家橋」之句，故亦名段家橋。據吳禮之長橋月，短橋月詞，又稱短橋。橋上舊有亭，以雪景名稱，故「斷橋殘雪」爲十景之一。今橋已改築西式，通行汽車矣。有清聖祖御題「斷橋殘雪」碑亭在橋北塊。朱欄亭榭，前對馬路，兩面臨湖，坐憩其間，另有趣味。

【白沙堤】　在錢塘間外。自斷橋起，迤邐經孤山至西冷橋止，長約三里餘。堤北爲後湖，南爲外湖。唐白居易有詩云「誰開湖寺西南路，草綠裙腰一道斜」言堤適

在湖之中央，春草綠時，望之如裙腰也。明時修築，雜植花木，亦名十錦塘。清時曾加高廣，近築柏油馬路，兩旁加寬，補植花卉，每隔二三丈於堤旁柳陰中，建一小亭，或蓋茅或蔓藤，遊人雅坐處也。堤之始於何時未詳，或訛爲白公堤，謂爲樂天所築，實非，按白公堤在錢塘門北，由石函橋至武林門者是。

【張公祠】　卽富春山館舊址，記清山東巡撫張勤果公曜。倚山建亭，堂有石坡十餘級。西臨西湖，右側一池，築亭其上，有十二欄干，曲折環繞；其餘亦結構甚佳，有書室，有曲榭，皆雅潔可愛。現租與西湖醫院。

【昭慶寺】　在錢塘門外，舊名菩堤寺，吳越錢王建，舊與雲林，淨慈，聖因稱四大叢林。咸豐燬，光緒間重新大雄寶殿，略具規模。自雲樓僧接主方丈後，苦志經營，未及十載，恢復舊觀。臥龍山莊在其西。內有觀音井，臥牛石，諸勝。旁有佛教會設立小學校一所，環境頗清幽。

【哇哇宕】　在昭慶寺後，元時改築杭城，採石於此，鑿久或宕，故名。由彌陀山東轉而下，有石池凡三，中一池之石壁高廣，云是龍湫。遊其間者，小語小應，疾語疾應，嘩然叫笑則笑應滿谷，人或曳履而趨，亦若有曳履者躡其後，眞佳境也。

【錢塘門】　錢塘門在新市場北，西湖東北隅。爲環湖

馬路之起點，城門已拆，現於遺址立有石塔紀念之。有洋商美通汽車行住於環湖路與西大街之叉口。自湖濱路而北，沿湖有海寧徐氏摹煙別墅，有徐氏穉陰草堂，及黃姓之九芝小築，周氏之友常別墅，粵人鄧熾昌之南陽小廬，已故浙督楊善德雲樵書屋（現爲市政府），貝姓味蒓湖舍（前呼王莊，清相國王文韶舊業），吳興張姓綠柔湖舍等。

（二）孤山一帶

孤山係北山棲霞支脈，聳立於湖北。南爲外湖，山北自放鶴亭起至後湖有木橋相接，東以白堤通錢塘門，西北接北山麓。宋時林和靖隱此，當全湖要衝，爲遊者所必至。

【平湖秋月】　當孤山東路之口，爲十景之一。本爲明時龍王堂地址，清高宗南巡，建亭其上，立有御碑，前臨外湖，旁構重軒，曲欄畫檻，直挹波際。在此觀月最佳。旁爲帥公祠，祀清浙撫帥承瀛，後爲陸宣公祠，祀唐陸贄，祠西有蘇文忠公祠，清嘉慶時建。祀蘇軾。路北有白公祠，祀唐郡守白居易，附祀唐絳州刺史樊宗師。旁有照胆台，建於明萬歷間，祀後漢關羽。

【藝術學校】　今爲國立浙江大學師範學院，卽舊羅苑，在平湖秋月右，爲猶太人哈同妻羅迦陵別墅，故稱羅苑。額曰「寰瀛一築」俗稱哈同公園。民二十四年改爲國立藝專學校。戰後改師範學院亭台樓榭，連綿水

次，迤邐如帶。

【三烈士墓】　在路北，與羅苑正對，爲清革命三烈士，徐錫麟，陳伯平，馬宗漢之墓。墓前有徐烈士石像，墓道兩旁，遍植梅花。將羅苑拆除一部份，使墓道直達湖岸，臨湖建亭。

【詁經精舍】　在路北，爲清季浙士講學之所，舊有正氣，先覺，遺愛三賢合祠。前浙督盧永祥於辛酉捐資重修。並補祀仁和孫晴川廣文之驟，侯官林迪臣太守啓，今入浙大師範學院。

【三忠祠】　在詁經精舍西，祀清徐用儀，許景澄，袁昶三公，皆以抗論拳匪受戮。浙人冤之，爲立祀於此。

【浙江忠烈祠】　在三忠祠北，本清行宮，爲康熙四十四年南巡駐蹕之所。雍正五年，改爲聖因寺，洪楊燬，後稍復舊觀，辛亥民軍起，浙軍陣亡于攻江甯一役者，就寺後祀之，曰南京陣亡將士祠。後改浙江忠烈寺。寺前有紀念碑。現爲西湖博物館之一部。

【西湖博物館】　卽舊文瀾閣，在孤山正中，爲清高宗行宮之一部分。舊藏四庫全書。咸豐間曾燬。光緒六年，浙撫譚公重建。邑人丁申丁丙補鈔閣書。尚有缺者，由前教育廳長張宗祥繼成之。今全書移置浙江圖書館。中記明儒王守仁。閣前有方池，假山環繞，結構殊

佳。民十八年西湖博覽會後，所有博物館中之陳列品，今保留於此，任人參觀。

【**中山公園**】　在文瀾閣西偏，舊亦清行宮。重建文瀾閣時，留隙處爲花園，倚山而建，今改中山公園。花木參差，登高處，全湖在目中，有浙軍凱旋紀念碑。碑旁有一亭，亭中懸張又萊先生遺像，下有市府所刻紀念碑，張公號萬菊園主人，歿後其弟佐時依照遺言，將所有名菊捐入市府，公諸市民，每年菊花開時，各名種多置於此處，觀花與瞻仰遺像者，不知若干萬人。

【**浙江省立圖書分館**】　在中山公園右，民國元年建。專藏木版暨四庫全書及善本書，館右爲清徐文敬公潮家祠，現已售去改建洋房，再右爲朱公祠，祀宋儒朱熹，左蔣二公祠，祀清左文襄公宗棠，蔣果敏公益澧。

【**楊莊**】　爲楊某所建。一切建築物，均爲西式，銅骨水泥，綠瓦紅磚，沿山而築，體仿北平頤和園朝儀殿式，面南坐視，全湖一目在望，可稱全湖莊子之冠。

【**西冷印社**】　在朱公祠右，祀清浙派印祖丁敬身，爲丁仁，葉銘，吳隱，王壽祺等所建立。有山川雨露圖書室，寶印山房，文泉，印泉，遯盦，還樸精廬諸勝。竹徑藥閣，茅茨土堦，頗饒古逸之趣。滬浙著名書畫家，時集會於此，上有漢三老石室，中藏漢碑三段，近代不可多得之物也。有四照閣，四面玲瓏，憑窗可覽全湖；

題襟館在其左，觀樂樓在其右，次爲郭孝童墓。社下當左者爲柏堂，竹閣。

【廣化寺】　唐時稱孤山寺。內有六一泉，爲蘇軾所名，以紀念歐陽修者。有樓外樓酒菜館在寺左，可小酌。

【俞樓】　在廣化寺右，爲淸德淸俞樾講學之所，諸弟子所建。初曰小曲園。久廢，今改三層洋房。再過卽武進盛氏家祠，西北卽西冷橋。

【西冷橋】　卽古之西村喚渡處，一名西林橋，又名西陵橋，從此可往北山。昔趙孟堅，常客武林，值菖蒲節周公瑾邀遊西湖，薄暮至此，艤舟茂樹間，指林麓最幽處，曰：「此眞董北苑得意筆也。」橋後損壞，民國三年重修建。有西冷飯店在橋後半山。

【曼殊上人墓】　在西冷印社後，曼殊姓蘇，原名元瑛生於日本，五歲歸國，十七歲以故入廣州長壽寺爲僧，法名曼殊，浪遊長江南洋間，僑滬較久，與南社諸子相善，天才卓越，梵文，法文，英文無不通，幷精繪事。著有斷鴻零雁記，燕子龕隨筆，降紗記等。曾數遊西湖，入靈隱山著梵文典。民國七年，三十五歲時卒於滬。汪精衛等爲集資葬於此，並建塔紀念之。

【瑪璃坡】　在孤山東，有碑石如瑪璃色。今路旁存二

巨石，近人許奏雲於其前建亭曰雲亭。

【**馮小青墓**】　在林公祠左，小青爲明馮生姬，工詩，見嫉於大婦，徙居孤山，抑鬱早卒。其後爲宋馬鞠香女士墓；女士生前喜吟林和靖詩，死後葬此。民國四年柳亞子爲伶人馮春航立碑於小青墓側，以馮伶善演小青故事劇，又同姓馮，故也。

【**空閣傳聲**】　卽巢居閣，在放鶴亭左，相傳爲宋林逋建。登閣喧笑，應聲滿谷，故有「空谷傳聲」之景目。逋性好梅，曾手植三百株，已多萎，今山下之梅，係後人補植者。

【**放鶴亭**】　在孤山之北麓，西臨後湖。爲元陳子安建，以林逋曾於此放鶴也。景目爲「梅林放鶴」，民國四年重修。清聖祖南巡爲題額，幷書舞鶴賦一篇，勒石亭中，亭後爲鶴塚。

【**林處士墓**】　在放鶴亭南。處士名逋，字君復宋錢塘人，隱居山中，不求聞達，死後葬此，賜諡和靖。

【**林典史墓**】　在處士墓西。林公諱汝霖，字小巖。官仁和典史，死於咸豐之難。時人以其末吏孤忠，爲葬與此。巢居閣左有林公祠。

【**林太守墓**】　在林處士墓側。太守諱啓，字迪臣，閩

人。光緒間以御史出守杭州，多善政。歿後邑紳爲葬於此，墓前爲林社。

（三）葛嶺一帶

葛嶺一帶，東至寶石山，彌陀山，西至棲霞嶺諸山，本皆爲北山支脈，昔歸北山路。以北山範圍太廣，葛嶺附近勝蹟甚多，故特立一帶，將其主要名勝古跡，分述於下：

【彌陀山】　在昭慶寺後，寶石諸山之支麓。山頂有大石棋杆，上刻棋子當三十二而缺一卒，今不可見，故亦名棋盤山。

【彌陀寺】　在彌陀山北麓。光緒初，有外來僧某，在山之陰以彌陀經刻字摩崖；崖高約二丈。寬約六丈，字大約五方寸，爲桐鄉李善登所書。尋倚壁建彌陀寺。門臨溪水，有萬工池，綠樹成陰。從石橋一折而入，頗稱幽寂。

【寶石山】　在錢塘門西北，高百餘公尺，周十三里，一名石甑山，又名巨石山。面臨裏湖，與葛嶺相接，經臥龍山莊抵山下，有坊額曰「頓開嶺」，入坊拾級而上，見一白堊之病院，卽至其巓。

【保俶塔】　在病院西，爲吳越王錢弘俶之相吳延爽建，傳爲保俶入京平安而建。故稱保俶塔。以塔在寶石

山上，今改寶石塔。塔尖削倚天，亭亭玉立，故有「雷峯如老衲，保俶如美人」之稱。雷峯傾倒後，保俶近經修葺，煥然一新。塔下有西湖療養院，舊爲崇壽院，清光緒間由英人梅籐更改建病院，經官廳贖回者。塔旁有落星石，一名壽星石，亦曰萬歲石，嶺稱蝦蟆。又有看松台。鄰石有來鳳亭，亦稱西爽亭，爲清李衞建。塔後石屏風，再進爲川正洞，中置石几石凳。洞左爲石峽，徑隘僅客一人行，石西有巾子峯，再西爲寶稷山；山石玲瓏，可登覽湖景。

【葛嶺】　在寶石山西。亦名葛塢，相傳晉葛洪葬此。本與寶石諸山通。今有垣隔斷，登者須由山麓西式石牌坊進，坊爲染顏料業中人所築。民國四年，吳縣楊叔英趙雨亭先後建亭閣於山之高下處：初上爲流丹閣，再上爲喜雨亭，頑石亭覽爛亭，九轉亭等。其高處爲寶雲亭。諸亭隨徑而築，遊者可隨時休息。山上有葛仙庵，舊名涵靑道院，徑新修者。更上爲煉丹台，有額曰「遊仙台」後石洞中，鑴葛洪像。最高處曰初陽台，其地平衍數畝，南則全湖歷歷，西南則諸山蜓蜿，北則萬頃平疇，屋廬可數，東則煙火萬家，之江大海，隱隱天際；極遠近眺覽之勝。晨觀日出，相傳以廢歷十月之朔爲最勝，故「葛嶺朝暾」歷稱西湖絕景之一。下爲葛嶺山莊現爲葛嶺飯店。嶺左有果智寺，寺內有參寥泉，寺旁有明楊云友女士墓，女士工山水，曾作「斷僑秋柳圖」見重於時。

【瑪瑙寺】　在果智寺西，前有停鷹石，內有長鳴鐘，右爲招賢寺，供緬甸玉佛，故俗稱玉佛寺。

【護國仁王禪寺】　在寶石塔之陰，掃帚塢。相傳歷來求雨輒靈云。

【黃龍洞】　在掃帚塢，又有黃龍潭，無門洞等別名。洞不甚深，近年加以開鑿堆疊，乃臻幽邃。距洞數十步，有粵人新築之廟，中搆假山鑿龍頭凡三，水自龍頭下注，沿石級上有臥龍洞，頗奇險。

【金鼓洞】　在棲霞嶺。劍門嶺南。棲霞嶺一名履泰山，或呼赤岸嶺。劍門嶺卽古劍門關，以其右爲寶雲，左爲仙姑，兩山夾峙若劍門故名。相傳昔人伐石其間，聞金鼓聲而止，故洞稱金鼓。洞口甚廣而入內不深，其壁兀立如削，旁有金鼓泉；右爲白沙泉，石壁鐫有康有爲書「白沙泉」三字，泉皆清冽。

【蝙蝠洞】　在棲霞嶺後，金鼓洞東北。洞口不大，內頗寬廣，由兩山壁夾立而成。夏時壁縫間蝙蝠累累倒懸，大者尺許。是洞之幽邃，不減紫雲煙霞，惜久不修理，旁洞又無寺廟，故游蹤較少。

【妙智寺】　近棲霞嶺，宋太尉張公建，內有棲霞井，深丈許，泉極甘冽。

【**紫雲洞**】 去妙智寺二三百步，棲霞五洞，此爲最奇；峭聳嵌空，石色皆暮雲凝紫，陰涼徹骨。從洞下級二十餘，嶷然若堂，內外明朗，空中有石樓倒垂，上設峻檻，有階可升，中供觀音石像，座鑴「紫雲洞天」四大字，窺之黑暗。沿壁入，又得一洞，亦敞豁，當天小孔如掌大，日光下射，壁藤森瘦，皆從裂處上刺。右爲削壁，半覆半倚，低至壁根，有泉方可三尺，水至清徹。洞側有法雲寺，榜「紫雲洞天」四字。洞下里許有懶雲窩，附近有牛皋墓。

【**棲雲洞**】 在棲霞嶺巔妙智寺側。相傳爲宋賈似道搜得。洞穹然如夏屋，兩山相倚如閛閣。每風從南來，谽谺而出，輒凄神寒骨；故暑假遊玩最宜。

【**香山洞**】 從棲霞大道下山，有香山洞在香山寺內。

（四）北山一帶

北山範圍頗廣，如寶石，葛嶺，棲霞等山昔均屬之。今已以葛嶺爲中心分述於上，另以仙姑山，雙峯插雲，桃源嶺，北高峯，天竺山等列入北山一帶分述於後：

【**仙姑山**】 介於棲霞靈隱間，一名靈苑山，又名東山。西爲鮑家田，北爲靑芝塢，又北爲桃花嶺，下爲耿家步。附近有宋烈文侯張憲墓。

【清漣寺】　卽玉泉寺在仙姑山北，青芝塢口。南齊時爲淨空禪院。清聖祖幸此改名清漣。賜大士像一尊，御書金剛經全部。寺內有泉曰玉泉，發源西山，伏流數十里，至此始見。池方廣三丈餘，清澈見底，中有小石塔，蓄五色魚甚多。池上屋三楹，榜曰「魚樂國」。旁有洗心亭，皺月廊，沿廊設檻置座。寺僧煎茶款客，幷備麵餅，供客投餌，魚揚鬐而來，聚吻爭吞，狀殊中觀。是以「玉泉觀魚」爲遊湖勝事之一。又有細雨泉，在寺後，泉上有晴雨軒，泉眼下通，浮激波面：狀若細雨故名。寺前本有一池，刻由市府闊大之，闢爲游泳池。

【靈峯寺】　在仙姑山西北，青芝塢後，靈峯山之麓，舊名靈峯禪院，吳越錢王建。清道光時加以修茸，其地故多梅。洪楊刼後，宣統間吳興周慶雲就寺門外靈峯亭以至半山來鶴亭，補植梅三百本；後構補梅盦，亭右爲掬月泉，形如半月，前有屋，小如艇，後有長廊曰羅漢廊。自掬月泉側，石徑盤旋而上，爲來鶴亭。寺南有龍泉石，山門外有雲泉諸勝。

【雙峯插雲】　在九里松。當南北二高峯之間，舊稱「兩峯插雲」，爲十景之一。清康熙時，於此建亭勒石，改爲「雙峯插雲」，切近洪春橋之北。

【九里松】　自洪春橋至靈隱下天竺而止，以唐刺史袁仁敬植松故名。洪春橋南有集慶寺，宋理宗爲貴祀閻氏

建，金碧工麗，過於諸刹。寺北舊有九里松亭，久廢。

【神霄雷院】 在慶化山，成化杭州府志載宋咸淳間，羽士陳崇眞卜居，善五雷法，後入朝祈禱，以劍水入布喪，有紅露之異，因建雷院居之。錫以紫芝。賜號冲素眞人。每年廢歷六月二十四日，羣人雲集，設醮捨資，至今不廢。

【瑞雲山】 在神霄雷院之後，上接白樂橋，靈隱，下連桃源嶺，玉泉，左有保俶山，右有城隍山，面臨西湖，湖外有江，江外有海，海門之山拱峙，氣勢極爲雄壯。現錢士靑擬於小山之巓，闢於桃園，春日桃花開放，則湖上又將多一遊覽之處。

【合澗橋】 在飛來峯路口。下有南北澗二故名，地爲靈竺山門，俗呼二山門。白樂天詩「一山門作兩山門，兩寺元從一寺分。」卽指此。

【龍泓洞】 又稱通天洞。洞口有理公巖，今理公塔在焉。巖旁有射旭洞，與龍泓通，外視之可容百數人，其內巖可容百椽屋，又有玉樹洞，旭光一線，上透極頂，俗稱一線天，峯西有白猿峯，有呼猿洞，與飛來，蓮花，稽留，月桂，共稱五峯。

【飛來峯】 在靈，竺二山間，晉僧慧理日嘗登此，歎曰：「此是中天竺國靈鷲山之小嶺，不知何年飛來？」

因駐錫於此。建靈隱寺。號峯曰飛來峯。高僅凡二百〇九公尺，而怪石森立，千態畢呈，壁間滿鑴佛像，傳爲元僧楊璉眞伽所鑴，淸朱彝尊謂；「雕刻精緻，非六朝人不能爲。」今雖漫漶，尤見古趣。爲我國雕刻藝術放一異彩。峯有石梁長約及丈，有翠微亭在峯半，峯東南爲慈雲宮。

【冷泉亭】　在飛來峯下，雲林寺前，依澗而立，廣不累丈，高不倍尋，山樹爲蓋，巖石爲屏，雲從棟生，水與階平，洵勝地也。其側有亭曰壑雷。

【靈隱山】　一名武林山，在仙姑山之西南。高約三百餘公尺，相傳許由葛洪皆曾隱於此。故名「靈隱」。

【雲林寺】　在靈隱山麓。爲西湖之最大叢林。舊名靈隱寺，晉咸和元年，吳越錢王建，淸康熙二十八年，賜名雲林寺。其後聖祖凡臨幸四次，賜金佛香金，及御書經卷等，並題額賜詩，雍正八年重修大殿。後燬於咸豐間，民初重興之。殿旁羅漢堂內奉羅漢五百，喜笑蹲倚，各極其態，不幸於廿六年火燬，極待重建。山門有「咫尺西天」四大字。而循飛來峯至冷泉亭一帶，樹木扶疏，澗水溜至，尤爲勝境。

【韜光庵】　在北高峯南，雲林寺西巢枸塢。天福三年吳越錢王建。舊額「廣嚴」，唐時有詩僧結庵院西，自號「韜光」。白樂天守郡，題其堂曰「法安」，大中祥

符間改今額。由雲林寺西，經峋嶁山房，上至韜光，石
磴數百，峯高百盤，筠篁夾植，樹木蒙密，晨曦穿漏，
如行深谷中。沿途水自竹筧中曲折下流，其聲琤琮，宛
若絲竹，因名韜光泉。懸巖結屋，勢若凌空。有金蓮
池，所種金蓮，花黃而小，葉橢圓，莖上下各一葉。庵
頂有石樓，正對錢江，江盡處即海，故唐人有「樓觀滄
海日，門對浙江潮」句。世稱「韜光觀海」以此。今有
呂祖祠，其後爲呂祖煉丹台。庵左有誦芬室。山後崖下
有洞，名丹崖石室。

【北高峯】　在雲林寺後。爲靈隱山左支之最高者，計
高三百五十五公尺。與南高峯遙遙相對，時露雙尖，望
之如插，所謂「雙峯插雲」者是。自山麓至頂，石磴逾
千級，曲折三十六灣，羣山屏列，湖水鏡浮，遙望之
江，如匹練新濯。有靈順廟在峯之絕頂，祀五顯神。峯
西有烏石峯，亦名資巖山，高與北高峯埒。下接龍門
山，石筍峯一名卓筆，在烏石峯半腰。

【天竺山】　傳爲晉葛仙翁得道之所。自靈鷲至上天竺
郎當嶺止，周數十里，巖壑尤美。下天竺寺後諸巖洞，
嵌空玲瓏，不可名狀。林木百自巖谷扳起。石壁間唐宋
人題名不可殫記。峯巒迴合，爲全山最幽勝處，自下天
竺過中竺至上竺，皆供觀音。上天竺寺旁遍設香燭店及
逆旅，營業者多釋門子弟，春時香客麕集，舊曆六月
十九日爲觀音誕辰，先於十八夜進香，士女傾城而至，
已相沿成習矣·

【下天竺】 又稱法鏡寺，在雲林寺旁，由飛來峯至此約里許。初名繙經院，清高宗改賜「法鏡寺」。寺後有金佛洞，三生石，蓮花泉諸勝。寺之對面爲月桂峯，峯多桂花白實丹，宋之問題「桂子月中落」卽指此。另有香林洞，日月岩，晉謝靈通翻經台蓮峯諸勝蹟。

【中天竺】 又稱法淨寺，在稽留峯北，距下天竺里許，與永清塢相對。隋開皇十七年，僧寶掌從西域來，建立道場。清聖祖曾賜帑重修，後復賜書「靈竺慈緣」額。乾隆間，高宗南巡，賜法淨寺額。咸豐燬後至同治復興。寺之東北爲楓木塢。西爲中印峯。之對面徐氏山莊，再上有隱廬，均新近落成。

【上天竺】 又稱法喜寺，在白雲峯麓，吳越錢王建。清時屢次重修，每修輒費金鉅萬，迄今寺宇宏麗爲三天竺冠，香火極盛。寺南爲乳罩峯，北爲白雲峯，峯下爲白雲泉。

【白雲窩】 在白雲峯下，爲錢士青之山外山莊，幽篁滿目，泉水淙淙，極爲清雅，莊右爲錢氏坟墓，墓左有茶花一株，高大無比，當係百餘年之物。墓上錢氏種梅百株，名百梅園。錢士青有一聯云。「放眼九州寬，憶當年督學西歐，保商北美，政教復考查，六載中遊遍全球，行篋猶存滄海記；寄情三竺勝，喜此日聽泉石上，邀月林間，湖山供憑眺，百步外秀橫羣嶂，吟廬恰傍白雲窩」。

【琴崗】 白雲峯陽爲琴岡，陰爲烏石岩，岩轉爲雙檜峯，爲靈隱塢；塢後爲幽淙嶺，巉石齾齾，頗不易上，上爲天門山，爲南北兩山之祖也。

【郎當嶺】 在幽淙嶺上，又名捫壁嶺，上爲天門山，東通龍井，南通五雲，左迫峭嶂，右臨深溪，緣木攀蘿，方可舉趾，故稱郎當。

（五）南山一帶

南山起自南屏，次爲九曜，赤山，石屋，南高峯，靈石山，棋盤山，天馬山，獅子峯，理安山。其他如丁家山，萬松嶺，五雲山。昔本歸入南山，但丁家山在湖濱，故列入沿湖一帶。至有五雲山萬松嶺橫互江邊，應歸入江干區。今將南山一帶勝跡，分述於下：

【南屏晚鐘】 南屏山爲九曜分支，在淨慈寺西，高凡一百五十公尺，延袤可八里許。頂稱慧日峯，峯旁有羅漢洞，壁鏤大士像十六，叢石斑剝，今不可辨。峯下有歡喜巖，兩石離立相對若老翁。其一巨首如戴笠。

【接引洞】 在蓮花峯北麓，洞口寬敞，洞內怪礨盤立，屈曲有致，洞左巖石間有小徑，緣徑而上，復有一小洞，中供小佛一尊。

【蓮花峯】 在玉皇山之東北，爲一平地突起之小峯。在玉皇山頂觀此，四面玲瓏，巖石層疊，宛如蓮

花故名。

【慈雲嶺】 當玉皇山與鳳凰山之間，崖有吳越國錢王題名四十九字。嶺巔有蓮花洞，深百餘步，闊十餘丈，有吳越錢王題名二十九字。下爲天龍寺，寺後崖壁鐫般若心經，其左石洞，鐫「繞雲洞」三字。

【八卦坎】 在城南天龍寺下。中阜規之，四週之田作八卦狀，俗又稱八卦田。

【錢王坎】 在玉皇山之麓，有巨碑矗立，上書吳越國文穆錢王墓等大字，每歲上巳及重九，爲錢氏裔孫祭掃之日，墓右獅子山，相距二里許，原有忠獻王墓，年久失修，相傳爲清代巨宦某氏佔作新坎，後雖發跡，然被雷將新坎之來龍打斷，某氏卽衰落，至今有天打斷之名，幾無人不知，文穆王神道碑及頭城門尚在，宋時有地二百頃之廣，今人追念錢王功德，前往憑弔者甚衆。

【登雲觀】 在玉皇山中間，爲八卦田至玉皇山頂必經之處，香火頗盛。

【玉皇山】 亦稱育王，山徑盤旋，石壁尖聳，登頂可覽江湖之勝。山頂有玉皇山宮，七星缸。七星缸者，清雍正間李衞以杭多火患，形象家謂此山爲離龍之祖，乃於山腰創曁鐵缸凡七，倣北斗七星排列，外鑄符籙，朔望省視缸水，少則注滿，蓋取用坎制離之義。七星缸之

下爲飛龍洞，洞由上而下，深窈莫測，相傳與安徽歙縣諸山通。起有住山李道士紫東，將洞開闢，名紫來洞，深已里許，游人日盛，探洞者亦日多也。

【梯雲嶺】　在玉泉九曜兩山之間。舊石磴甚峻絕，今則石磴已圯，逕窄而仄，頗不易登。沿逕風景，頗足瀏覽，近則玉皇，九曜崒岭兩旁，遠則之江曲流如帶，嶺巔有洞，低窪異常。

【九曜山】　在南高峯東南，東爲南屏山，西爲赤山，舊有九曜星君殿，故名。山雖大而少勝蹟。其西南爲太子灣。自城來遊南山者，必取道於是山。山東爲仙人洞，卽幽居洞。

【華津洞】　在方家山谷西南。巖石靚深，石色秀異，如翠螺蒼玉。中有十八尊羅漢，洞口有清泉。野花奇麗；雖夏月登臨，亦寒砭肌骨。厥景蕭瑟，殆勝煙霞，石屋。

【石屋洞】　在九曜山西南，自太子灣南折而至。上有石屋亭，全湖在望，風景頗佳。

【大仁寺】　在石屋嶺下，咸豐間燬，後重建。存彌勒佛一尊。重六百斤，傳爲宋時所鑄。

【石屋洞】　在石屋寺內，迤二丈六尺，狀如軒榭，較煙霞爲虛朗，舊鐫小羅漢五百十六尊，洪楊之役，頭盡

爐。洞後一穴，上寬下窄，署曰「滄海浮螺」。旁有小
洞曰別石院，曰甕雲洞，由通幽處取小徑而上，有小洞
僅容一人，曰乾坤洞。相傳宋高宗嘗至此小坐。洞旁曰
青龍曰伏虎巖。較大而幽黝。石屋洞後有蝙蝠洞，中多
蝙蝠。宋建炎間里人避兵於此，云可容數百人。

【淨梵寺】　在瑞峯塢，當煙霞石屋之間，距石屋寺約
半里，吳越錢王建。初名陽峯，大中祥符初改今額。明
末爐，清光緒間有蜀僧慈雲，至此興建佛殿，遂復舊
觀。三面環山，四圍繞竹，極幽靜，與石屋亭遙對。寺
前可望西湖及城市，有小溪曲流寺前，琤琮可愛。

【眞珠泉】　在虎跑山之西南，馬兒由之東北，樵歌嶺
上。泉清冽不讓虎跑。

【四眼井】　在錢粮司嶺道中，井上有亭，可供遊人
休息。現已設汽車站，遊人至滿覺隴，煙霞洞，多取
道於此。

【大慈山】　在理安山東，九曜山西南，以寺得名，山
色蒼蔚，中峯隆起，旁舒兩翼，具龜蛇旗鼓狀。虎跑泉
在其上，故亦稱虎跑山。

【大慈定慧寺】　俗稱虎跑寺，在白鶴峯下。唐僧寰中
結庵於此。寰中圓寂建定慧塔院，故稱大慈定慧寺。

【虎跑泉】　在大慈定慧寺中，與龍井玉泉齊名，但泉味厚冽過之。內鑿三井，上覆亭廡，其最上者較深廣，樹御書牌於前，清聖祖題詩有：「似恐被人瀕吸收，一泓清泉出山拗」之句。

【濟祖塔院】　在大慈定慧寺右，濟祖字湖慧，故又稱湖隱禪院。

【水樂洞】　在烟霞嶺東麓，有洞雙啓，穹若大廈，泉發右瀉左遞，觸石齒鏗鏘可聽，味清甘可與龍井並驅。宋賈似道曾疏理之。近加修理，整潔可愛。洞口題刊甚多，有點石庵，亦稱水樂寺，在洞左。中有缸，久與石合，名萬年缸。

【烟霞洞】　在烟霞嶺上，洞高約七公尺，洞中有羅漢石像十八尊，內六尊爲晉以前物，其爲十導尊爲吳越錢王所補鐫。並補鐫大佛，彌勒，觀音諸像。兩旁名人題刻甚多。鐘乳渗滴，虛朗清涼，可布凡筵；進則幽暗莫測所窮。洞旁有蘇老石龕，爲舊財神像所改。丹口有千官塔，丹外一碑，有「烟霞此地多」五字。洞前有石門，刻有「仙岩」二字。洞頂環甃石梁，上建高閣，額曰「呼嵩」；近俯諸山，遠吞江海。別有臥獅，吸江，陟屺諸亭，因山高下。洞上石壁對立曰聯峯，有董其昌陳繼儒等留題，有石筍五枝，壁刻東坡題刻，旁有岩曰佛手，曰落石，曰象鼻。洞左爲烟霞寺，亦名清修寺，位置天然，小憩頗佳，寺內素餐最有名。

【楊梅嶺】　在煙霞嶺南，楊梅塢在其下。山徑甚平坦，凡自風篁嶺，至九溪理安者，輒取道於此。羣山包絡，石徑參差，竹木掩映，居室櫛比。

【滿覺隴】　在楊梅嶺下，多桂，每至秋初金粟成陣，如入衆香國。桂花栗子甚著名。

【理安山】　在九溪東北岸，中排爲大人峯，亦稱大鵬。迴象峯在左，獅子峯在右，大人峯之最高處，有先照壇，且住崖。其東有石掌岩，鹿臥崖，問虎洞諸勝蹟。

【理安守】　在理安山麓，九溪東北。古稱涌泉禪院，亦名法雨寺。吳越錢王建。宋理宗改名理安。寺內藏有舍利子，作鐘鈴形，謂靜觀有異彩。又有貝葉經五張，來自印度錫蘭者。有法雨泉，在禪堂左法雨岩下。岩宛轉覆若空室，石泉下灑，酒空成雨，匯爲清池，可鑑毛髮。上鐫壁「淅滴歸源」四字。旁有精舍曰白雲閣，松巔閣，據全寺之勝，在寺後崖上山門外，有吳興周氏建經塔。寺前多楠木，濃蔭遮日，炎夏清涼。沿溪多楠木秧，可以移植，惜人多不注意。

【九溪十八澗】　在龍井南，烟霞嶺西南，發源於楊梅嶺之楊梅塢；西南流會青灣，宏法，豬頭，方家，佛石，百丈，唐家，小康，九塢之水，以達徐村入錢江。其穿繞林麓，幷括細流，不知凡幾，約號曰十八澗。沿途小徑屈曲，峯巒夾峙，流泉琤琮，篁楠交翠。春夏之

交，萬緣叢中，山花放蕊，異草流馥，鶯歌蝶舞，幽麗之極。雨後水瀉若飛瀑，尤爲可觀，俞曲園詩「重重疊疊山，曲曲環環路，丁丁東東聲，高高下下樹」描寫殊切。現市府擬闢九溪公園，將來布置就緒，杭市又多一勝景。

【獅子峯】　在老龍井後，天竺乳竇峯右，勢若蹲獅，最爲高峻。產茶最著名，附近獅子峯之茶，皆名獅峯，因其同一地也。

【龍井山】　在獅子峯下，幽僻淸奧，杳出塵寰，有泉一泓，寒碧常異。其地產茶，爲兩山絕品。

【龍井寺】　在風篁嶺下，舊名壽聖院。有雲氣堂，江湖一勺亭，飮山漉閣諸勝。寺中客室，備座出售茶點。名人題詠，以董其昌爲多。

【龍井】　一名龍泓，在風篁嶺巔，泉出自深山亂石中，注入池中。池曰玉泓，方廣不滿二公尺，上有古篆「龍井」二字。左爲茶坡，再左有一片雲，有滌心沼。寺左垣外有缽池，自龍泓陟磴南上，夾道秀石森峭，巒翠欲滴，稱碧螺峯，有翠峯閣建其上。

【翁家山】　在南高峯南，以多桂名聞。

【南高峯】　在九曜山西北，與北高峯對峙，高凡三百

〇二公尺。登其上，覽浙江如帶，瞰西湖如杯。山椒有巨石，名先照壇，以日月始升，得景獨先故名。上有榮國寺，內有玉佛二十餘尊，高各丈許，晶瑩可愛。又有法華泉，鉢盂潭，潁川泉，天地洞，千人洞諸勝。

【三台山】　在南高峯東北，有中台，左台，右台三峯，峯岩儼峙，中尊旁翼，圓秀如畫。其下爲八蟠嶺，潁秀塢。

【法相寺】　在潁秀塢，舊名長耳相，後改今額。有宋僧眞遺蛻。法眞耳長九寸，號長耳和尚，又號定光佛。寺側有樟亭，亭前古樟甚多。寺西塢上有定光庵，旁有錫杖泉，相傳定光修行時，因久旱無水，以杖引泉故名，稍北有六通寺，華嚴庵。

【風篁嶺】　在靈石山西南，多修竹，林壑深沉，有泉自龍井而下，流聲潺潺，四時不絕。

【雞籠山】　在龍井風篁嶺側，高而圓若雞籠然故名。下有明大學士張居正之墓。旁爲鵁鶄峯，金鐘峯，馬婆嶺，四山闃寂，遊蹤較少。

【靈石山】　在丁家山後，一名積慶山，亦名靈石塢，爲南北二高峯間最高者。下有君子天一二泉。西有支徑可通大麥嶺。山之中巒爲天馬山，舊呼馬鞍山，以吳越南宋皆嘗牧馬其間，故名。其地爲遊履罕。元人以「靈

石樵歌」爲錢塘十景之一。

【棋盤山】　在風篁嶺北。山頂有方石。舊傳丹砂爲局，子分黑白，今已漫漶。路甚寬，而石磴斜滑不易登。山頂有某氏別墅，江湖之勝，皆可環眺。西下則篁楠葱翠，景兼勝。可通上天竺。

乙、城市區

　　城市區卽指舊杭州城區而言。昔日外來遊覽西湖者，其主要目的在西湖名勝，而往往忽略城市區，其實城區亦頗多勝景，城南隅有吳山，雲居山，紫陽山之蟠結，廟宇櫛比，崖石奇突，不亞於西湖諸山，且新市場一帶，旅館林立，又有汽車總站，繁盛極速，三元坊，保佑坊，清河坊爲杭州最重要之商業中心，武林門爲京杭國道，滬杭公路之要站，公路局總車場在焉。前途發展，非可預料。茲擇其主要勝蹟，分述於後：

【螺螄山】　在吳山背，取逕必盤旋曲折而上，故名。山當吳山腰半，雖低而不障景，拾級望湖，猶依翠屏而臨明鏡。山南爲鐵冶嶺，元楊維楨讀書於此，因更號鐵崖。有小蓮壺，草玄閣，清李笠翁漁芥子園亦在焉。東北爲郭婆井。

【吳山】　在西湖之東南，浙人憫伍子胥以忠諫死，爲立祠山上，故舊名胥山。山多城隍廟，故俗稱城隍山。

山與城外萬松嶺鳳凰山相接，自城內大街南清波門，塔
兒頭東皆可登。憑高環眺，烟火萬家，在指顧間；左江
右湖，悉在眼底，省城隍廟居中，左右各里許，廟宇接
毗，若東嶽，太歲，藥王，關帝，白衣，府城隍，魯
班，火神等廟，雷祖，財神，關帝等殿皆在焉。舊歷正
月，香火極盛。府城隍廟左有倉聖祠，趙公祠，祀清趙
恭毅公申喬，阮公祠祀清阮文達公元；王壯愍公祠清浙
撫王有齡，年久倒敗，今將潘赤文王竹齋君添其相，現
由地方人士募集重建改爲三公祠。該祠裝璜頗美。花草
林立。清潔可嘉。尤爲天堂。給由天外天在內，賣卜住
家。又有馬葛二公祠。山北有神霄雷院，舊名玉樞道
院，爲清巡撫楊昌濬重建。

【十二峯】　在火神廟右，峻石十二，玲瓏瘦削，如山
峯離立，各以形象名之：曰筆架，香爐，棋盤，象鼻，
玉筍，龜息，劍泉，牛眼，舞鶴，鳴鳳，伏虎等是，俗
稱巫山十二峯。

【城隍廟】　有省城隍廟府城隍廟之別。省城隍廟在吳
山趙公祠，宋紹興間自鳳凰山徒此。神周姓明浙江按察
使也。廟右有酒仙殿，葛仙殿，月下老人祠。府城隍廟
在祠右。

【寶月山】　一名天井山，在吳山北。山下有寶月寺因
得名，烏龍潭在寺西晴天時潭水碧綠，雨則變黑。

【伍公廟】　在吳山之東北，是處山亦稱伍公山。廟祀

吳伍員，清高宗題廟額曰「靈依素練」。西南有海會寺，爲南宋古刹。旁有崧公祠，祀清浙撫崧駿。西有中興觀，至德觀。山西爲娥媚山，稍南爲淺山，俗呼管米旁。有崇義祠，祀咸豐時殉難者。山側有漾沙坑，北有人眼井，中有宋石幢，止水池，峨嵋山館，夕照樓，葵向亭，金粟堆，梅坡，方竹坪等八景。今已毀敗。

【寶蓮山】　在瑞石山東，有金星洞，重陽庵，爲清阮文達公祠。青衣洞，相傳昔入在洞口見青衣童子，問之不應，入洞逐之不見，但聞風雨聲，悚慄而出，故名。洞口有青衣泉有寶成寺，寺壁鑿麻曷剌佛像，獰惡可怖。寺左近有瑞石泉，感化巖，巖上有東坡石刻。上爲石觀音閣。

【瑞石山】　一名紫陽山，在吳山東南。山有紫陽庵，元徐洞陽建。秀石玲瓏，巖竇窈窕，寒泉滑滴，匯爲澄泓，境頗幽隩，自城中城隍牌樓隨山麓遵徑而上，有尋眞路，石壁鐫第一山，紫陽洞天，採芝巖，滌凡池，諸勝。北折而下歸雲洞；左折爲橐駝洞，復折西爲紫陽庵，庵側有紫陽洞，飛來石；迆南爲丁仙閣，丁名元號野鶴，元時棄俗全眞於紫陽庵，傳有仙蹟，今閣與庵併而爲一，由銀行中人經營，如別墅，無香火。

【七寶山】　在白馬巷西，吳山南，以七寶寺得名。絕頂有平石號大觀台。有坎卦壇，汪王廟，祀唐節度使汪華。西麓爲青龍洞，龍神廟，寶奎寺。東麓爲三茅寧壽

觀，又東有通元觀，白鹿泉，開寶仁王寺。

【七寶峯】　在七寶山南，爲城中觀潮勝處。石壁刻
「吳山第一峯」五字。因金主亮有「立馬吳山第一峯」
之句。

【清平山】　在七寶山東南，翠石峻峻，竹木森秀。有
開元寺及壽，妙峯二庵。

【雲居山】　在城西，當清平山之陽，與萬松嶺相接，
山上有雲居聖水二寺，其頂多楓，故又稱楓嶺。

【雲居聖水寺】　在雲居山上，宋元祐間，僧了元建雲
居庵；元元貞間僧明本建聖水庵。明洪武二十四年，併
聖水於雲居，賜「雲居聖水禪寺」額。寺有中峯髮塔，
麻鞋，趙文敏書淨土詩碑。又有三佛泉，萬佛閣，松樂
泉，朝陽洞一呂字，三台石，海棠石，聖水巖，龜石，
眠牛石諸勝。成化間僧文紳修復，清康熙五十三年重
建。

【新市場】　清時爲滿人戍之旗營，民初闢爲新市場
（今猶稱旗營，俗呼旗下），面積約佔全城十分之一，
爲遊客住宿地。馬路廣平，大旅館飲食店林立，尤以湖
濱路沿湖爽豁，優靜華麗，兼而有之。有延齡路（俗稱
延齡大馬路）貫串全市場，茶館，戲館，飲食店多半在
焉。可謂新市場之中心。有。橫路曰仁和，曰敎仁，曰

迎紫，亦甚熱鬧。

【上城、中城、下城】　杭州舊城周圍約三十六里，南北廣而東西狹，原有十門曰慶春，清泰，望江，候潮，鳳山，清波，湧金，錢塘，武林，艮山等是。今錢塘，湧金，候潮諸門，城牆均已拆去，改築馬路矣。城內原分三區；最南部稱上城，中央部為中城，北部為下城。上中城為最繁盛，諸官署及銀行巨肆，均蝟集焉。下城市街，縱者自北城武林門起，直至南城鳳山門，長七八里，中間三元坊，保佑坊，清河坊一帶最為熱鬧。

【天外天鑑相批命】　天外天命相館，設城隍山三公祠。該相士籍乃江蘇東台泥觀莊，名張宗嶽，亦名景山又名建安，年近耳順，迭任行政司法界多年，看破名利籍道市隱，朝野名人，無不贊其命相如神。

【宋經樓古書店】　開設杭市已歷十有三載向售各種宋、元、明、清、孤本善本及精抄稿本名人手蹟並印各地縣志刪及西湖掌故等書倘蒙惠顧極誠歡迎編有書目面索函索卽奉倘諸大藏書家備有複本或願割愛之舊籍敝店願出高價收進且近來又受各地藏書家之委孤本手蹟更所歡迎近地面洽遠道請先寄書目當原班奉覆再如主顧需用何書則請見示書名並著作姓名敝店當能迅速辦到奉上。

【竹齋路】　在大井巷西，因已故杭州市商會會長王竹齋有功於社會，適值市府新築馬路，卽名竹齋路，以示

紀念。其實並非因人而始闢路也。竹齋生前協助政府，安定閭閻，厥功甚偉，地方紳耆於其歿時，在墓旁建築紀念塔，及建祠以祀，即今吳山三公祠之一。

【勾由樵舍】　在竹齋路之西端，勾山之巔之章靜軒別墅，上有亭台，四圍遍植花木，頗有城市林之氣象，且西湖在望，風景極佳。

【祝氏別墅】　在囘囘古墓之東，係邑紳祝星五之別墅，星五生前曾任省議會議長，爲人公正廉明，與竹齋齊名，同爲地方人士所信仰，亦杭垣有數人物，惟天不永年，惜哉。

【萬菊園】　在橫紫城巷。爲邑人張又萊產，張君嗜菊，是以園中菊花甚多，珍品不下五六百種，數年前張君去世，菊種歸杭州市政府栽倍，以示公諸大衆之意，可謂有益於社會也。

【城站公園】　在火車站之北，園地數十畝。佈置頗潔雅。

丙、江干區

　　江干區以西湖南山之南，鳳山門外西南直至雲棲范村沿江一帶屬之，鳳凰山與五雲山可劃入西湖南山一帶，但二山均靠峙江干，故亦列入本區。茲將區內重要

名勝，分述於後：

【萬松嶺】　在鳳山門外鳳凰山北。北與城內雲居山接。舊時夾道栽松，故名「鳳嶺松濤」，爲增修十八景之一。南宋後平爲大道，松無存。嶺舊有敷文書院今廢。嶺之西南爲將台山，今模範森林在焉。每當植樹節各學校團體機關前往植者甚多。

【雙節墳】　在萬松嶺西麓，俗稱雙吊墳，相傳清嘉慶間，大興崔升偕妻陳氏，至杭投親不遇，同縊於此。時人感其節義，遂幷葬焉。

【鳳凰山】　在鳳山門外，萬松嶺南。東爲南屏山，惟不相連。跨越甚廣，兩翅軒翥，左薄湖滸，右掠江邊，形若飛鳳，與龍山幷稱。晉郭璞所謂「龍飛鳳舞」者是。山東麓爲南宋大內所在，亦卽五代吳越國錢王故宮，今有福壽宮。門前有慈雲亭院。上有慈雲洞，八蟠嶺。山後有鳳山泉。上左翼爲報國寺，卽南宋垂拱殿，有鳳麓，映壁二庵。有金星洞，孤頂有雙髻峯，上有石如雲片，拔地數丈，巔有一竅，曰月岩。中秋時月光穿竅而出，餘時則否。極頂則石筍峻嶒，兩傍排立，名曰排衙石，月岩之左爲中峯，峯後爲放光石，通明洞則在中峯亭下。

【勝果寺】　在中峯頂、一作崇聖，創於隋，興於唐，南宋闢爲禁苑。後燬重建，其地多桃，故有勝果桃之

勝。寺側有郭公泉，下有醉眠石，西有歸雲洞，躍雲石。上有垂雲巖。寺後爲三石佛。

【三廊廟】　在鳳山門外，南星橋之東南，爲兩浙交通要道。臨錢塘江邊，帆船林立，頗形繁盛。錢塘江航線各輪船公司均設於此。南北往來每日渡江者數萬計，對江卽蕭山縣之西興。每年廢歷八月十八日錢江潮汛，兩岸均爲觀潮之地。

【閘口】　在錢塘江邊，距三廊廟西南約三里許。沿江與三廊廟相連。總稱曰江干。現爲滬杭甬及浙贛鐵路。錢江大橋交叉點。大橋上有公路及行人道之設計，形成兩浙交通及東南五省之總匯也。

【錢塘江】　本名浙江，又名漸江。源出於常山江山兩港，合於衢縣流費蘭谿，建德，桐廬，富陽，至杭州閘口附近，三折至至錢塘江，曲處形如之字，故又稱曲江。亦稱之江。以江心羅刹石，風濤至此極險，又名羅刹江。沿江有錢塘渡，龍山渡，鮎魚口，一折，二折，三折諸名。入海處有龕赭二山，江口逼窄，水勢不暢，其下有沙灘，橫互激射，虀不得騁，起而爲潮，秋八月爲最盛。成「浙江秋濤」奇觀。每年舊歷八月十八之先後數日，各路局及中國旅行社在八堡海寧一帶沿海塘上，設棚備座，供容觀潮。此時自杭或滬前往，均有專車。

【開化寺】　爲六和塔院。吳越錢王命僧所建。後燬，

僧智曇重建，改名開化教寺，歲久失修，復圮，清雍正
十三年又重建。乾隆間御題「淨宇江天」額。光緒間朱
智捐資修之。寺有金魚山，秀江亭，砂井山諸勝。

【六和塔】 在月輪山頂，或稱六合塔。吳越錢王創
建，以鎮江潮。凡九級，後燬。僧智曇因故基之，七級
而止。關楯網鐸，面面開敞，有磴可登。環壁刻經文佛
像。登塔頂遙望隔江峯巒，晴光掩映如畫。

【月輪山】 龍山支阜也。在龍山之西南，有徑可通虎
跑。以山形圓如月故名。山麓有停雲亭，迤北有濤仙
館，爲邑人王薌泉別墅，江干唯一莊墅也。

【秦望山】 在月輪山西，相傳傳秦始皇東遊，嘗登
之以望會稽，故名。之江大學在山上，規模宏大，風
景幽美。

【徐村】 距江干約五里，爲一小村落，瀕江傍山，境
頗幽美。有杭富公路經過其地。循小徑可上五雲山。有
江邊遊泳池，爲市府所辦。在徐村之東北，有王正廷之
別墅，背山臨江，風景極佳。

【五雲山】 爲天門山之支脈，地頗高寒。自江干盤紆
而上，凡六里七十二灣，石磴千餘級。之江三折，正當
其面。南望之江，羣峯可數；車觀龕，赭二山，大海可
掬。爲杭州諸山之最高者。

【眞際寺】　在五雲山巓，乾德四年吳越錢王建。舊爲靜塵庵，又曰定慧庵，大中祥符改今額。明初燬。正德間重建。寺內伽藍乃華光藏神，杭人牽牲往祈財無虛日。旁有五雲庵。

【范村】　由徐村西南行約五里，卽古范浦。去范村不遠有叉路至雲棲，此路現通汽車。

【雲棲】　在五雲山右，有塢曰雲棲。自五雲山頂沿石級而下，計程五里，路甚隉峻。或取道過六和塔至范村，北數里過三聚亭，再北抵洗心亭。沿途石徑幽窄，萬竹參天，仰不見日；人行其中，高下曲折，不辯所出，實湖山第一奧區也。增修十八景之「雲棲梵徑」卽指此。過洗心亭則雜樹夾道，鐘磬聲淸。有蓮池大師塔，御碑亭，勒「雲栖」二字於石。更進卽達雲棲寺，吳越錢王建。明蓮池大師曾卓錫於此，淸規嚴肅。淸聖祖題有詩額。嘉慶，咸豐，時曾燬兩次，後漸次規復。壁間有董其昌書金剛經石刻。其墨蹟今藏寺中。

丁、拱宸橋湖墅區

【拱宸橋】　在城北武林門外二十餘里，橋爲明夏時正所募建，跨運河上，後圮。淸雍正間重建，西湖苕溪諸水多匯流於此。光緒二十一年，中日馬關條約訂定，開作商埠。往來蘇州及上海之大小船舶，麕集於此。沿運河東西兩岸，市街繁盛，北隣舊日租界，有杭州新關及

汽船碼頭在焉，滬杭鐵路江墅支線，以此爲終點。自拱宸車站與艮山，城站，閘口間，每日開車六次。又有拱三段公共汽車，亦以此爲起點。每隔十分鐘開車一班，交通極便。

【皋園】　在拱宸橋畔，與三友實業業社相連，係合肥高懿丞之別墅，占地數十畝，規模宏敞，建築華麗，其中亭台樓閣，池沼花圃，無不俱備。每當春秋佳日，高氏常聚地方紳耆於一堂歡宴之，極一時之盛。今高氏年老常居申江，名園整理乏人，故花木不及以前之茂盛也。

【湖墅】　前稱湖墅鎭，爲城區北鄉幹路。又名歸錦橋，有墅河貫之，歸錦，華光，江漲三橋鼎峙，成三角形，饒於水利，帆檣叢集，米船甚盛，米多由泗安廣德來，實爲米市中心點，附近多林園。別墅，徐曙岑宅其一也。

戊、西溪區

深秋西溪蘆花，初春西溪探梅，已爲世所稱羨。惟昔日交通多賴舟楫，往返不便，茲則公路通達，市區第六路公共汽車卽以留下爲終點，刻又有杭徽汽車公司汽車可乘，往遊極便矣。茲將區內主要勝蹟，分述於下：

【松木場】 在錢塘門外，爲第一市集，長里許，東面臨河，春遊士女進香靈，竺者皆泊船於此。有商肆應客，頗熱鬧。西北有杭徽汽車站。刻係商辦，規模甚大。自松木場至湖墅一帶，舊時統係北關，故有「北關夜市」之景目。

【秦亭山】 俗稱老和山，又訛稱蜻蜓山，在北山靈隱山後，法華山之分脈也。上有聖帝廟，相傳秦始皇曾駐蹕；或云宋秦觀築亭其上故名。

【古蕩】 在秦亭山西下，溪流淺狹，僅容小舟。魚蝦至繁，居人多以捕魚爲業，旁有靜性寺，道然居，慧光庵，皆清幽之境。

【東嶽廟】 在廟塢，宋乾道間建，祠宇宏麗。杭州東嶽廟凡五處，香火以此爲最盛。秋時有所謂「朝審」之故事，各處進香人山人海。

【法華山】 在北山靈隱山後，相傳有晉僧法華靈蹟故名。廟塢卽法華山坳。其東一里爲應婆山，又東爲廟山，童山，蔣家山，馬山，參差高下，皆有應婆山半。又東爲筆架山，象鼻山，淺山。東接桃源，西連留下，中爲法華塢。

【古法華寺】 在西溪之東。法華山下。明隆萬間，雲棲袾宏以雲間鄭昭服所捨園宅爲常住，址在龍歸徑北，

約八畝有奇。初號雲棲別業，俗名鄭庵。崇禎癸酉秋，郡守龐承寵給額稱古法華寺。

【花塢】　法華山之塢也。可由法華亭南轉而入，地極幽邈，古庵甚多。度藕香橋，溪聲淙然，夾塢茂林修竹，不見天日。

【眠雲室】　在花塢當法螺一雨兩峯間，舊名美音庵。中有柏子堂，香積廚，旁有簌衣泉。

【散花仙館】　在花塢盡處，爲樂清徐氏別墅，旁有小徑，可達天竺靈隱。

【石人塢】　由廟塢西二里，爲古法華亭俗稱開化涼亭。再西二里達石人塢口，俗呼楊家牌樓，卽石人嶺之塢也。因嶺半有石如人立，故名。相傳吳大帝石杵在此。逾嶺可至靈，竺。

【竺西草堂】　在東嶽廟西，爲清張照別業。佔地七十餘畝，半爲池。古梅翠竹，夾岸排立，外環河水，澄澈可鑑。

【西溪探梅】　法華山陰，縱十餘里，都是梅林，春初花開，暗香襲人，石人嶺下有老梅數株，高密且大，尤爲美觀。

【留下】　西溪之鎮市。去城十八里，有杭徽路及市區第六區公共汽車可達。相傳宋高宗南渡欲都其地，後得鳳凰山，乃云「西溪且留下」因名留下。中隔小河，兩岸爲街衢，居民數百家，咸樂耕魚，而梅竹茶筍諸利，尤倍於各處。古西溪之勝，不獨在山水間也。

【篤慶山莊】　在留下鎮東，爲餘杭鄭氏奉親頤養之處。亭臺花木，點綴得宜。

【龍門山】　俗稱小和山，在杭城西南四十里，自留下有公路支綫可達。高約三百公尺，山頂有眞武廟，亦稱龍門寺。長松古柏，蒼翠夾道，香火之盛，不亞三竺，有石關，魚石，千人岩，四顧坪，老龍潭，龜王殿，鸚鵡石，磐谷諸勝。

【西溪】　自古蕩以西，「水如帶，曲折幽邃，兩岸平林小岫，倒影波中，如入圖畫。經留下後，勢始開展，有永興南漳二湖，蒹葭滿目，四圍皆水，爲遊人目的所在。倘非駕舟，不足以盡溪山之勝。蕩槳都屬船孃，款乃聲裏，另具有一種風光。

【渚河】　本名南漳河，亦曰渦水，在西溪東北，沙嶼瀠迴，荻蘆掩映，又名蒹葭深處。再進爲深潭口，高僧名士，蟬聯居隱，四圍斷岸，非棹不能渡。

【秋雪庵】　在西溪東蒹葭深處，原名資壽院，又爲大

聖庵。宋淳佑七年，改今額。爲潼川軍節制所立。庵之四周皆水，蒹葭彌望，花時如雪，明陳繼儒題曰「秋雪」。後吳興周夢坡重加修葺，祀浙中詞人。每屆秋祭，文人騷士前往者頗多。登庵內彈指樓外望，滿湖曳素，皚白如雪，景美無比。

【交蘆庵】　在秋雪庵左，本名正等庵。明董甚昌改曰交蘆。蓋取「根塵識三都無實性，同於交蘆」之義。亦以庵構蘆中，直名蘆庵。崇禎改元，大學士錢士升題額曰復古正等院。同治初重修，南皮張之萬補書庵額。光緒間，丁丙重葺，旁建水閣，祀厲鶚杭世駿。

【曲水庵】　在交蘆庵左，明雲棲古德賢法師所創，基從水築，非楫莫尋。陟岸爲門，花木掩映，如入水晶宮中。

遊客須知

遊客須知

（一）良辰佳節

　　杭州每遇佳節良辰，均有特別勝會，此種地方風俗，別饒風趣，茲摘記於下（日期均指陰歷）。

【元旦】　吳山各廟皆有人往拈香，初八日稱燒八字香，婦女尤多。

【二月十九日】　天竺建觀音會，傾城皆往，遠道士女亦相偕來，最爲熱鬧。

【清明節】　家家插柳滿簷，兒女亦多戴之，是以傾城上塚，南北兩山間，紙灰飛舞如蝴蝶。

【三月廿八日】　俗傳東嶽齊天大聖誕辰，杭州有行宮凡五，而以法華山者爲最盛。士女報賽拈香極盛。

【四月八日】　俗稱爲釋迦佛誕辰，僧尼各建龍華會，士女游湖，爭買龜蛇放生。

【四月廿四日】　俗傳爲朱大天君誕辰，杭人最崇信者也。詣廟拈香，喧鬧竟日。亦有就家齋戒，期以二十日或四十日者。或謂杭人之崇信朱大天君，實係追念明崇禎帝之遺意，蓋崇禎以三月十九日殉國於北京，逾月而

噩耗至，杭人不忘故君，然怵於異族勢力，故託神靈以誌哀云。

【六月十九日】 爲觀音得道辰，先一日，杭人傾城往游湖，多於夜間停舟湖心，賞月達旦，或放千萬荷燈，隨波蕩漾，爭引爲樂。

【八月十五日】 中秋節人家以月餅相餽，又有賞月宴，或攜榼湖上，沿遊達旦，或以五色繞纏燭，插於三潭印月亭，爲宋賈似道遺風。

【八月十八日】 錢塘江潮汛最盛，傾城往觀。

【重陽節】 人家以栗和糯米，伴蜜蒸糕，是日有攜榼登高者，昔皆集於城南城隍山（卽吳山），今則聚於西湖諸山。

（二）遊覽交通

欲暢遊湖山勝景，必須先定目標，妥爲計劃，循路而行，方無枉廢時間或金錢之弊。惟遊程之訂定，當視時令氣節，及遊客各種不同之目的而定。茲將在杭遊覽名勝之交通情形，分述於后：

【遊船】 西湖遊船，有大中小三種，大船可載二十四人，中船可載十六人，惟因行動遲鈍，不便瀏覽風景，已漸淘汰。小船俗稱划子。可容四五人。

【渡船】　西湖渡船，與划子相同，惟無裝飾，在湖東公共體育場，湖西茅家埠，湖北岳廟前，孤山之中山公園前，招客買渡，客滿即放，往來不絕。

【遊船】　舟遊西湖之沿湖一帶，如時間支配得宜，沿湖岸而進，隨時登陸遊覽，需二日可盡，如遊客時間匆促，則盡一日之長，亦可遍遊各重要名勝。

【汽車】　年來杭市之路政建設，突飛猛進，馬路已四通八達，環湖皆可通行。市區公共汽車省辦者共有六路，一路車係自拱宸橋西大街湖濱保佑坊以達江干之三廊廟，計共十一站，爲遊拱宸要道；四路車係自湖濱出湧金門經四眼井以達六和塔，共計八站，可藉遊南山一帶及江干區名勝。六路係自湖濱經松木場東嶽古蕩等處以達留下，計共十三站可藉遊北山一帶及西溪區名勝。商辦有永華汽車公司之公共汽車，路線自迎紫路經湖濱白堤岳廟等處以達靈隱，計共八站。

【人力車】　隨處可雇，南北山路，湖上諸堤，均可通行。惟五雲山，雲棲不能直達。包用全日，平日約二千餘元，亦視香期與否爲定。

【籐轎】　轎伕每名每日連飯食須八百元，半日約減十分之三四。體重乘客須加轎伕一名，另加價若干，但亦視香期與否爲定，各旅館及湖濱均可雇，甚便利。

【馬】　西湖沿湖均有乘馬供客騎游，大約雇用一日，價目千餘元二千元不等，視馬之優劣及市面情形而定。

（三）旅館

　　杭州因有湖山勝景，每年招致游客頻繁，是以旅館事業，異常發達。全市統計，大小旅館不下百數十家之多。旅館房金，視其規模之大小，設備之優劣而異，有每間數百元一日者，亦有每間千餘元者。各旅館房金均有定價表，春間遊客盛時，類皆無折扣，且大都客滿，淡月自七拆至五拆不等。關於旅館內各種草則，遊客皆宜遵守。茲將杭市設備優良之旅館，介紹如下：

名稱	地址	電話
大中華飯店	教仁街一一九號	一七〇七
金城飯店	延齡路二〇二號	一二四四
新亞別墅	英士街一〇五街	一四〇六
新新旅館	裏西湖四〇號	一二〇八
新泰旅館	延齡路九七號	一七六九
杭州飯店	湖濱路八六號	一二三六
清泰第二旅館	仁和路三九號	一二〇五 二一七六
華華公寓	延齡路東六弄三一號	一〇七三
環湖旅館	湖濱路五四號	一六六七
蝶來飯店	西泠橋	一六三八
聚英旅館	教仁街	
杏花村	岳墳及孤山俞園	

　　其他優良之旅館亦多，不及備述，姑從略。

（四）酒菜館

　　杭州各旅館，皆各有廚房供膳，惟遊客出外遊

覽，須折回就膳頗不便利，且杭州有各種著名酒菜，遊者不可不嘗，如紹酒雖產於紹興，其精品實多運銷於杭。各菜館皆有上品，尤以新市場之陳正和，碧悟軒等酒店，營業爲盛。著名杭菜醋溜魚，蓴羹，江鰣，湖蟹，魚頭豆腐，鹽件兒等。醋溜魚以湖上樓外樓靈隱山門口天外天者稱佳，蓴羹係取湖中蓴菜嫩尖，用鷄湯火腿等烹煑者，湖上之杏花村及樓外樓太和園等皆有名。錢江鰣魚，西湖蟹皆味美，上市時各大菜館皆有，魚頭荳腐以新市場之天香樓爲名，鹽件兒以王潤興爲佳。此外素菜有新市場之功德林，素麵有素香齋，川菜館有英士街之大同及味中味兩家，津菜有迎紫路之中國酒家及仁和路三義樓，西菜館華歐製糖廠及冠生園天眞並延齡路大達公司等數處，點心小品以仁和路知味觀營業最盛。

（五）特產

【茶】　浙省綠茶，以產於西湖之獅峯龍井者爲最上品，俗稱龍井茶。惟獅峯及龍井二處產量均不多，杭市附近所產者品亦佳。市內著名茶商有雷峯塔之汪裕泰，清河坊之翁隆盛，及羊壩頭之方正大等，皆可選購。

【絲織品】　杭市絲織品之種類有緞、紗、紡、線春、大綢及絲織風景等。綢緞店共計大小不下百餘家，中以三元坊之九綸，保佑坊之萬源，高義泰及清河坊之恆豐等最稱著。絲織風景以敎仁街之都錦生出品精良。

【**製造品**】　有太平坊王星記之杭扇，大井巷張小泉鼎記之剪刀，清河坊方裕和，金華公司之火腿，萬隆之家鄉肉，清河坊孔鳳春之香粉，及天竺筷，竹器，佛珠，無不名聞全國。

【**食品**】　有西湖菱，桑芽，菊花，九製橄欖，笋乾，山核桃，梅醬塘棲之枇杷甘蔗，無不名聞遐邇，市內各茶食水菓店炒貨店均有發售。

杭市交通表

類別		站名		時刻
		起	到	
火車	特快	城站	上海	6.45
	普快		上海	7.30
	四等		上海	8.30
	特快		上海	14.30
	普快		上海	16.30
	汽油		上海	16.00
	普快		諸暨	7.00
				15.00
汽車		迎紫路	吳興	7.00
		英士街	餘杭	7.30
				9.30
				13.00
				14.30
		江邊	紹興	7.30
				8.30
				10.00
				13.30
				15.00
		三廊廟	拱埠	每次隔三十分
		迎紫路	靈隱	
		湖濱	留下	每日共四次
			雲棲	
		六桂坊	瓶窰	7.30
輪船		三廊廟	桐廬	7.00
			義橋	13.00
		拱埠	吳興	6.00
			德清	13.00
			塘棲	10.00
快船		三廊廟	屯溪	7.00
			蘭谿	7.00

附註：

（1）汽油火車逢星期二四六開。

（2）錢江義渡每次五十元行李半票船上小賬另給。

廣告

民國城市 04

中國近代歷史城市指南：
杭州篇（二）
City Guidebooks of Modern China:
Hangzhou Section II

作　　者　中央研究院近代史研究所
　　　　　城市史研究群　選編
總 編 輯　陳新林、呂芳上
執行編輯　林弘毅
封面設計　陳新林
排　　版　溫心忻

出 版 者　🏛 中央研究院近代史研究所
　　　　　11529 台北市南港區研究院路二段
　　　　　　　　128 號
　　　　　TEL：+886-2-2782-4166

　　　　　🛡 開源書局出版有限公司
　　　　　香港金鐘夏愨道 18 號海富中心
　　　　　1 座 26 樓 06 室
　　　　　TEL：+852-35860995

　　　　　✿ 民國歷史文化學社
　　　　　10646 台北市大安區羅斯福路三段
　　　　　　　　37 號 7 樓之 1
　　　　　TEL：+886-2-2369-6912
　　　　　FAX：+886-2-2369-6990

銷 售 處　源流成文化 股份有限公司
　　　　　10646 台北市大安區羅斯福路三段
　　　　　　　　37 號 7 樓之 1
　　　　　TEL：+886-2-2369-6912
　　　　　FAX：+886-2-2369-6990

初版一刷　2019 年 12 月 31 日
定　　價　新台幣 400 元
　　　　　港　幣 115 元
　　　　　美　元　15 元
Ｉ Ｓ Ｂ Ｎ　978-988-8637-45-4
印　　刷　長達印刷有限公司
　　　　　台北市西園路二段 50 巷 4 弄 21 號
　　　　　TEL：+886-2-2304-0488